印度神祇事典

從經典神話了解龐雜多元的印度眾神

紙結歷史編輯部／著

陳姵君／譯

前言

近年來，世界各國的神話與傳說經常被援引至次文化領域，成為角色人物的創作靈感來源。印度神話當然也不例外，召喚宇宙保護神「毗濕奴」進行對戰的電玩，或是召喚英雄「阿周那」上場廝殺的手遊等應該算是最著名的例子吧。然而，究竟有多少玩家說得出有關這些神祇的經典故事呢。

印度神話源自十分古老的時代，約誕生於西元前十二～前十世紀，因此不像日本神話般有著明確的時間序列與完整的故事。用於宗教儀式的獻神讚歌與祈禱文所集結而成的文獻，乃印度神話的原點。因此，與神祇有關的文獻不但數量龐大且多元，即便是同一主題也會在各處看到不同的記述，導致印度神話的內容變得異常複雜。此外，要在印度文獻中明確劃分神話與傳說幾乎是不可能的任務，而且這些故事與宗教和信仰亦形成緊密連結。或許正因如此，印度神話的精神才會持續活在當地人們心中。在印度所舉辦的祭禮全以神話世界的典故為依據，隨處可見到華美精緻的神祇畫像。印度經常被喻為宗教色彩濃厚的國家，同時也可說是與神話和傳說息息相關的國度。

不過此現象不僅限於印度，因為印度神話亦深入和日本人的生活與文化有很深切關聯的佛教。身為七福神之一而十分有名的大黑天，是破壞神「濕婆」的別名「摩訶迦羅」融入佛教後的形態；京都府東寺享譽盛名的佛像——帝釋天與搭檔大梵天，原型則分別是印度的雷神「因陀羅」與造物神「梵天」。

本書深入淺出地彙整了印度神祇的各項特色與故事，並搭配精美的插畫與圖片，幫助讀者們更容易對印度神話產生親近感。

期盼本書能成為敲門磚，令讀者們感受到融入我們日常生活中的印度神祇之存在。

紙結歷史編輯部

印度神祇事典　目次

第1章 何謂印度神話？

第2章 往世書時代的神祇

第3章 吠陀時代的神祇

第4章 妖魔、魔神

《羅摩衍那》大綱

印度兩大史詩《羅摩衍那》與《摩訶婆羅多》。首先來了解一下講述毗濕奴的化身羅摩冒險故事的《羅摩衍那》概要。

▶P182

1 羅剎王的誕生

羅剎王拉瓦納歷經嚴峻苦行後，終於獲得造物神梵天的認可，擁有與神匹敵的力量。

▶P168

2 羅摩的誕生

對拉瓦納感到畏懼的眾神們向保護神毗濕奴求救，毗濕奴遂化身成拘薩羅國的大王子羅摩，降臨人世。

▶P180

3 與希妲成婚

羅摩與同父異母之弟羅什曼那結伴出行，在途中參加了毘提訶國王之女——希妲的選婿大會，成功擄獲公主芳心而歸國，兩人結為連理。

▶P168

4 禪讓與流放

年事已高的拘薩羅國王原本要讓位給羅摩，卻遭到羅摩繼母從中作梗。羅摩與妻子希妲、同父異母之弟羅什曼那遂被流放至森林。

▶P182

5 希妲遭擄

羅剎王的妹妹舒爾波娜伽愛慕羅摩，卻碰了一鼻子灰，因而慫恿哥哥擄走羅摩妻子希妲。拉瓦納在過程中遭到神鳥迦樓羅之子，禿鷹賈塔尤的阻攔，但仍成功帶走希妲。

▶P174

6 結識哈奴曼

得知妻子遭擄的羅摩偕同弟弟前往救人，在途中幫助了猴王，猴王便派手下大將神猿哈奴曼隨行。

▶P172

7 奪回希妲

在哈奴曼的偵察下，得知希妲仍活著的羅摩兄弟攻進拉瓦納的城堡展開一番廝殺。羅摩雖陷入苦戰，但在眾神的協助下總算奪回希妲。

▶P180

8 與希妲別離

遭丈夫懷疑貞潔不保的希妲，為了證明自身的清白而縱身跳入火焰中，被其他神祇救出。一度決定相信希妲的羅摩又再度心生疑竇，感到動搖，希妲再次做出澄清時被大地之神帶走。羅摩這才徹底相信希妲是清白的，但兩人卻從此永遠分離。

《摩訶婆羅多》大綱

世界三大史詩之一，亦為世界最長敘事詩的《摩訶婆羅多》。讓我們先來了解一下般度軍與俱盧軍為期18天的鬥爭與引發衝突的經過。

▶P200

1 俱盧國的盲眼王

因同父異母的弟弟早逝而成為俱盧國君主的盲眼王，收留了異母弟弟所留下的 5 名王子，並當成自己的孩子扶養。

▶P200

2 王子們的對立

盲眼王打算將王位讓予比自己親骨肉還優秀的五王子之首——堅戰，但遭到其長子難敵的強烈反彈。5 位王子皆被驅逐出國。

▶P188

3 與黑公主德羅波蒂成婚

遭到流放的五王子來到般遮羅國，三王子阿周那在黑公主德羅波蒂的選婿大會上抱得美人歸。黑公主遂成為五王子共同的妻子。

▶P198

4 五王子再度遭流放

五王子歸國後獲得盲眼王所授予的一半國土，並舉行即位儀式。在即位儀式受到屈辱的盲眼王之子難敵透過博弈，奪走五王子的土地與財產，並下令將五人流放 12 年。

▶P192

5 克里希納的協助

由於難敵拒絕讓刑滿歸國的五王子入境，雙方遂演變成戰爭。兩陣營皆向德瓦爾卡國王克里希納請求協助，並分別獲得支援。

▶P202

6 迦爾納的決斷

五王子的同母異父哥哥——鴦伽國王迦爾納，儘管受到母親央求，盼其幫助五王子，但他因為無法背叛恩人，選擇站在難敵這一邊。

▶P206

7 庫魯謝特拉大決戰

兩方陣營激烈交戰。歷經 18 天的廝殺後，由五王子獲勝，但整個家族幾乎都戰死沙場。

▶P198

8 五王子升天

大王子堅戰因懺悔同族相殘一事，而與其餘 4 名王子和妻子攀登喜馬拉雅山修行。一行人接連倒下，獨自一人抵達山頂的堅戰也隨之前往弟弟們身邊。

本書閱讀方式

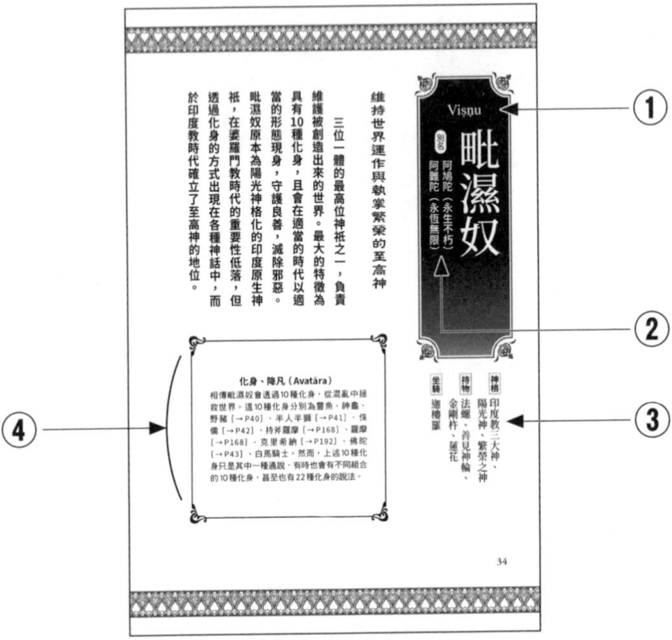

Viṣṇu

毗濕奴

別名 阿鳩陀（永生不朽）
阿難陀（永恆無限）

神格 印度教三大神、陽光神、繁榮之神

持物 法螺、善見神輪、金剛杵、蓮花

坐騎 迦樓羅

維持世界運作與執掌繁榮的至高神

三位一體的最高位神祇之一，負責維護被創造出來的世界。最大的特徵為具有10種化身，且會在適當的時代以適當的形態現身，守護良善，滅除邪惡。毗濕奴原本為陽光神格化的印度原生神祇，在婆羅門教時代的重要性低落，但透過化身的方式出現在各種神話中，而於印度教時代確立了至高神的地位。

化身、降凡（Avatāra）

相傳毗濕奴會透過10種化身，從混亂中拯救世界。這10種化身分別為靈魚、神龜、野豬［→P40］、半人半獅［→P41］、侏儒［→P42］、持斧羅摩［→P168］、羅摩［→P168］、克里希納［→P192］、佛陀［→P43］、白馬騎士。然而，上述10種化身只是其中一種通說，有時也會有不同組合的10種化身，甚至也有22種化身的說法。

34

①以轉寫的拉丁字母來標記古印度所使用的梵文（Sanskrit）

②別名介紹

印度神祇與英雄存在著許多別名，在本書會與中文譯名一併列出。幾乎所有神祇皆擁有好幾個別名，本書最多只列舉2個作代表

③神祇檔案

以簡介的方式呈現該神祇的相關資訊。會從【神格】【種族】【持物】【坐騎】【佛教名】【家族成員】等項目中選取幾項介紹

※這裡所說的【坐騎】是指神祇所騎乘的鳥類或動物

④解說與該神祇有深切關聯的武器、寶物、別名、化身、佛教名等事項

注意

印度神話故事的登場人物以及情節發展和結局等，皆存在著好幾種不同的版本，本書所刊載的內容僅為其中一小部分。

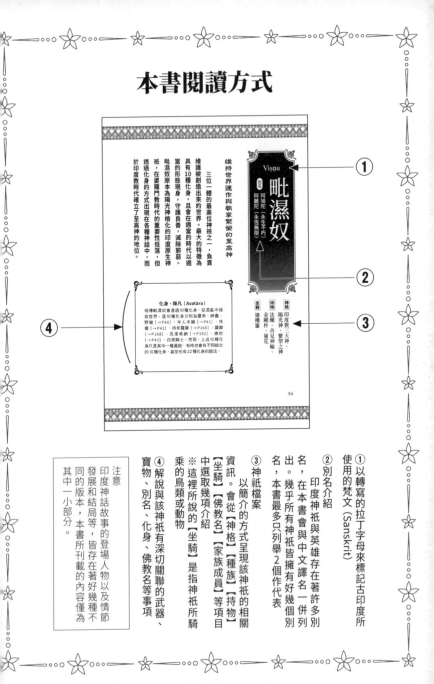

第1章 何謂印度神話？

因宗教變遷而發展出不同的重要文獻

印度神話的形成

以遊牧民族聖典為起源的神話群

神話存在於日本、北歐、希臘等世界各地，但像印度神話般如此難懂的實屬罕見。其難懂的主要原因在於，每位神祇不但有好幾個化身或分身，每個故事還存在著好幾種版本。事實上如此多重又複雜的構造，反而是解讀印度神話形成過程的關鍵。

印度神話是以聖典《梨俱吠陀（Rig Veda）》為主體的吠陀（Veda）文獻為基礎所發展而成的神話群。吠陀文獻是誕生於現代印度西北部旁遮普邦的婆羅門教（Brahmanism）聖典。然而，創立婆羅門教的印度雅利安人（Aryans）並非世居當地的民族；其起源為分布於黑海與裏海之間的高加索（Caucasus）地區的雅

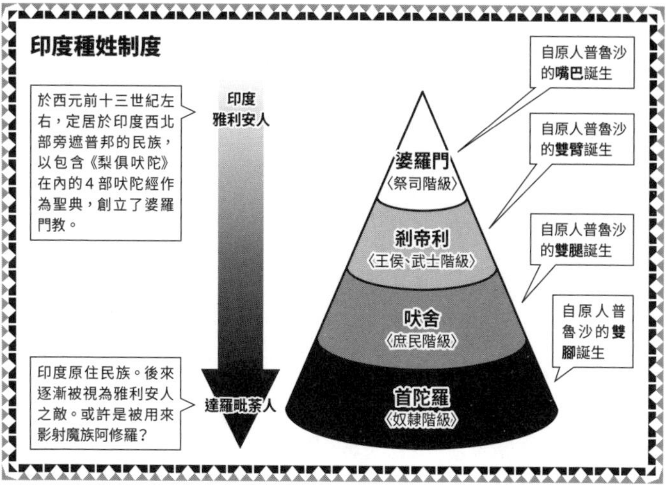
印度種姓制度
於西元前十三世紀左右，定居於印度西北部旁遮普邦的民族，以包含《梨俱吠陀》在內的4部吠陀經作為聖典，創立了婆羅門教。
印度雅利安人
印度原住民族。後來逐漸被視為雅利安人之敵。或許是被用來影射魔族阿修羅？
達羅毗荼人
婆羅門
〈祭司階級〉
剎帝利
〈王侯、武士階級〉
吠舍
〈庶民階級〉
首陀羅
〈奴隸階級〉
自原人普魯沙的嘴巴誕生
自原人普魯沙的雙臂誕生
自原人普魯沙的雙腿誕生
自原人普魯沙的雙腳誕生

利安遊牧民族。雅利安人分批前往歐洲與中亞，約於西元前十三世紀，定居於旁遮普邦的群體遂被稱為印度雅利安人。而《梨俱吠陀》則約於西元前十二～前十世紀問世。

印度雅利安人透過包含《梨俱吠陀》在內的吠陀文獻，建立了以祭司婆羅門為最高階級的政教合一國家。然而，進入西元前六～前五世紀後，出現了許多對婆羅門（祭司階級）至上主義存疑，不受婆羅門教規範拘束的自由思想家，婆羅門因而逐漸失勢。在這個潮流中，婆羅門教的神話便被新誕生的印度教所吸收。

與農耕民族信仰融合，更為蓬勃發展

印度教是以吠陀文獻為基底，並揉合了印度原始信仰的宗教，相傳沒有開山祖師，而是隨著婆羅門教的衰退在印度各地自然產生。在印度雅利安人定居前，已於印度落地生根的達羅毗茶（Dravidian）農耕民族文化，則是印度原始信仰的起源。

達羅毗茶人約於西元前三十～前十五世紀於印度河流域建立了古印度文明，考古學家則從遺址中，挖掘到據信為印度神話神祇原型的神像等物。

依時間序列來整理印度神話的形成過程則是，達羅毗茶人建立了印度的原始信仰，接著由印度雅利安人創立婆羅門教。在婆羅門教全盛期變得相當沉寂的印度原始信仰，隨著婆羅門教的衰退而重振雄風，並發展成結合了婆羅門教神話的印度教。

接著兩大史詩《羅摩衍那》與《摩訶婆羅多》成為集大成之作。這2部史詩與記載著印度教神話的「往世書（Purana）」，乃印度教的聖典。

印度宗教的變遷

印度河流域文明時期

概要	原住民**達羅毗荼人**建立了日後成為**印度教源流**的原始信仰
信仰	印度教的源流
支持	達羅毗荼人
聖典	無

破壞神濕婆［→P48］原型與牛雕像問世

西元前十世紀左右（吠陀時代）

概要	由入侵印度的**雅利安人**創立以**婆羅門（祭司階級）**為最高級別的**婆羅門教**
信仰	婆羅門教
支持	雅利安人（婆羅門）
聖典	《梨俱吠陀》等吠陀文獻

司法神伐樓拿［→P134］、雷神因陀羅［→P88］備受重視

西元前七～前五世紀左右

概要	因農商工業等發展，導致部落社會崩壞。隨著拘薩羅等城邦國家的出現，對婆羅門教的批判聲浪日益高漲，**佛教、耆那教**等新宗教於焉誕生
信仰	佛教、耆那教等
支持	剎帝利、吠舍
聖典	無

西元元年前後（往世書時代）

概要	以庶民為中心的印度原始信仰，吸收了婆羅門教與佛教等宗教思想，形成**印度教**
信仰	印度教
支持	遍及印度全境
聖典	《羅摩衍那》《摩訶婆羅多》、往世書

造物神梵天［→P72］、保護神毗濕奴［→P34］、濕婆三神具有重要地位

換言之，印度神話其實是融合來自印度外部的遊牧民族與印度原始農耕民族，這2種性質迴異的民族神話而誕生的。因此為了化解矛盾，婆羅門教神祇會被設定成印度教神祇的化身，或是婆羅門教與印度教的故事並存，另行發展成外傳。印度神話會存在著許多化身與外傳，可說是必然的結果。

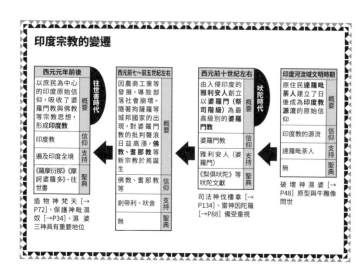

隨著婆羅門教沒落，印度教興起的變遷而有所變化的神祇們

印度神祇的特徵

從婆羅門教發展至印度教的過程中所產生的變化

印度神話從婆羅門教承接至印度教，從吠陀經接續至往世書。在這個過程中持續沿襲下來的兩大特徵則是：同時信仰許多神祇的多神教神話，以及存在著許多由自然界要素或現象神格化的神祇。另一方面，在這兩大特徵所形成的基礎上，也出現了巨大的變化。那就是成為信仰中心的神祇大洗牌。

在吠陀時代（婆羅門教），地位最為重要的是司法神伐樓拿〔→P134〕，最有人氣的則是雷神因陀羅〔→P88〕。然而，進入印度教時代後，執掌創世、維護與破壞的梵天〔→P72〕、毗濕奴〔→P34〕、濕婆〔→P48〕被視為三位一體的最高位神祇，伐樓拿與因陀羅遂失去重要性，退為三相神的幫襯角色。

之所以會發生這種變化，則是受到婆羅門教與印度教的性質差異影響。婆羅門教的信眾以知識階級的婆羅門為中心，因此掌管司法與言語等抽象概念的神祇會備受重視。然而，印度教的信眾以一般庶民為中心，執掌構成世界要素的神祇既日常又容易理解，因而廣獲大眾支持。而且，因陀羅乃源自印度雅利安人的神祇，相對於此，毗濕奴與濕婆則源自達羅毗荼人，乃印度原生神祇，是庶民相當熟悉的存在，這點也起了很大的作用。

印度神話中也出現很多與善神敵對的反派。其中最具代表性的是魔族阿修羅〔↓P124〕。阿修羅原本為神族的分支之一，但在《梨俱吠陀》晚期被認定為是善神的敵對方。據信這項轉變或許是反映出印度雅利安人將達羅毗荼人視為敵人的想法。惡鬼夜叉〔↓P144〕原本也是善良的精靈，但亦基於同樣的理由而變成反派。還有蛇魔族那伽〔↓P156〕為印度常見的毒蛇象徵，自然界的生態也如實被套用於妖魔的設定上。

用於宗教儀式的婆羅門（神職人員）聖典《梨俱吠陀》

吠陀時代（婆羅門教）的神祇

廣受婆羅門知識階級信奉的神祇

印度神話的基礎典籍為婆羅門教聖典《梨俱吠陀》。吠陀一詞為梵語，代表知識之意，冠上吠陀名稱的聖典還有《娑摩吠陀（Sama Veda）》、《夜柔吠陀（Yajur Veda）》、《阿闥婆吠陀（Atharva Veda）》，每一本所記載的內容則根據祭祀官所負責的儀式類別而有所劃分。

以婆羅門（祭司階級）為受眾所編纂的《梨俱吠陀》則是集結了宗教儀式用的讚歌與祈禱文的文本，因此，並沒有故事軸線貫串全書。後人則以神話的方式來詮釋這些具體讚美神祇偉大之處的詩歌。

印度神話有許多執掌自然界要素或現象的神祇，而這項特色則始於吠陀時代（婆羅門教）。在《梨俱吠陀》中，受到最多頌揚的是雷神因陀羅〔↓P88〕、太陽神蘇利耶〔↓P98〕、風神伐由〔↓P106〕等自然現象之神。另一方面，由於信眾以鑽研學問的婆羅門上層階級為中心，因此執掌抽象概念的神祇也很常被讚頌。在《梨俱吠陀》中最受重視的是司法神伐樓拿〔↓P134〕、契約神密特拉〔↓P134〕、工藝之神陀濕多〔↓P120〕等神祇。

儘管讚歌的多寡與地位輕重因神而異，但吠陀時代的印度神話沒有至高神的概念，所有神祇地位相同，在宗教儀式中受到讚揚的神祇，就是當下的至高神。然而，在被印度教吸收融合的過程中，婆羅門教的神祇逐漸轉變為陪襯印度教神祇的反派角色，所執掌的項目也隨之縮小，居於下位。

在《梨俱吠陀》的〈原人讚歌〉也可見到神話必定會有的創世故事，內容描述原人普魯沙（Purusa）從嘴巴生出婆羅門、從雙臂生出剎帝利（王侯、武士階級）、從雙腿生出吠舍（庶民階級）、從雙腳生出首陀羅（奴隸階級）。這是種姓制度的重要根據，但內容與印度教的創世神話完全不同。從創世神話也存在著好幾種版本的現象來看，便可得知印度神話有多複雜。

奉梵天、毗濕奴、濕婆為至高神的三位一體概念

往世書時代（印度教）的神祇

受到大眾支持的印度原生神祇力量大

吠陀文獻與印度原生神祇融合後所誕生的印度教神話，被記載於描述印度教信仰全貌的兩大史詩《羅摩衍那》與《摩訶婆羅多》，以及匯集諸神事蹟的聖典集「往世書」。

若問兩大史詩與往世書是否系統性地彙整了印度神話的來龍去脈，那倒也不是。兩大史詩的內容汲取了許多神話的設定與情節展開，但各自發展成獨立的故事。另一方面，往世書的主題涉及了宇宙創造、宇宙的破壞與再生、諸神譜系、人類歷史、王朝歷史這五大項目，主旨在於讚頌神祇，並非匯集神話故事的完整文本。將一部分的故事當成神話詮釋則是兩大史詩與往世書的共通點。

進入印度教時代後，造物神梵天〔→P72〕、保護神毗濕奴〔→P34〕、破壞神濕婆〔→P48〕三神合一（三位一體），成為能創造世界、予以破壞、進行再生的最高主神。而這項概念則源自比婆羅門教更為久遠的古印度文明。印度的原始信仰之所以能發展成印度教並奪得主導地位的原因在於，對於身為主流信眾的庶民而言，印度教遠比婆羅門教更深入其生活。儘管如此，他們亦未否定婆羅門教。相對於毗濕奴與濕婆乃印度的原生神祇，梵天則是婆羅門教的婆羅門（哲學概念）之神格化。

然而，這種兼容並蓄的做法，卻也成了令神話失去統整性的原因，於是只好透過化身或別名來作為新的設定。比方說以化身的方式讓毗濕奴在婆羅門教的神話登場，與印度教神話進行整合。至於濕婆則是每種性格皆賦予不同的稱號，以便於應對各種情節發展。

在印度教的創世神話中，為了求得不死仙藥甘露（amrita），眾神與魔族阿修羅〔→P124〕便在毗濕奴的提議下，攜手合作攪乳海（亦稱乳海攪拌）。此故事強調了毗濕奴的聰慧與偉大，在印度教備受尊崇。

成為印度神話重要經典的兩大史詩之一

史詩《羅摩衍那》

講述毗濕奴的化身之羅摩王子的英雄傳說

集結婆羅門教與印度教神話所編寫而成的大格局英雄傳說，即為《羅摩衍那》與《摩訶婆羅多》兩大史詩。一般認為較早問世的是《羅摩衍那》，其原型約於西元前五世紀誕生，約在西元二世紀時形成現存的全7章架構。相傳作者為仙人蟻垤（Valmiki）。

4部吠陀經被認為是由神所創作而成的聖典，而史詩則被認為是出自凡人之手的首部詩歌，蟻垤因而被稱為「最初的詩人」。羅摩衍那的意思為「羅摩歷險記」，是一部講述保護神毗濕奴的化身羅摩王子〔↓P168〕，因妻子希妲〔↓P180〕遭羅剎王拉瓦納〔↓P182〕擄走，而前往搭救的故事。

兩大史詩的特徵為大量援引神話作為支線劇情，《羅摩衍那》的主線故事僅佔了整體三分之一左右的篇幅。然而，高潮迭起的故事內容不斷被改編成戲劇、舞蹈、電影等作品，持續受到印度人們的喜愛。故事大綱如下。

男主角、女主角、最佳綠葉一應俱全的大冒險

歷經一連串苦行後擁有強大力量的拉瓦納，獲得造物神梵天〔→P72〕的保證，無論是神或魔族阿修羅〔→P124〕都殺不了他。由於拉瓦納鄙視凡人，所以這項保證並未包含凡人在內。眾神雖認為拉瓦納是一大威脅，卻礙於其與梵天的誓約無法除之而後快。於是，保護神毗濕奴〔→P34〕決定化身為凡人來打倒拉瓦納，因而降生為拘薩羅（Kosala）國王十車王（Dasaratha）之子羅摩。能文能武的羅摩在毘提訶（Videha）國公主希妲的選婿大會上拔得頭籌，順利迎娶了美嬌娘。

十車王打算將王位傳給羅摩，但羅摩同父異母之弟婆羅多（Bharata）的母親——吉迦伊（Kaikeyi）王妃極度不滿這項決定，而將羅摩流放至森林，並要脅十

車王立婆羅多為接班人。得知此事的羅摩偕同希妲與同母異父之弟羅什曼那〔↓P172〕離開王宮，移居檀陀迦（Daṃḍaka）森林。婆羅多盼羅摩能繼承王位，但羅摩完全不肯點頭。

拉瓦納的妹妹舒爾波娜伽（Surpanakha）對移居森林的羅摩一見傾心而頻頻示好，卻遭到拒絕，遂要求拉瓦納為自己出一口氣。氣憤難平的拉瓦納擄走了希妲，將之監禁於自身所居住的蘭卡島（lankā）宮殿。羅摩因而踏上救妻之旅。

羅摩在途中幫助猴王須羯哩婆（Sugriva）打了勝仗，對此大為感激的須羯哩婆答應協助羅摩奪回希妲，派出猿猴軍團助陣。其中則以勇士哈奴曼〔↓P174〕的表現最為活躍，在其偵察下總算發現了希妲的所在處。羅摩攻入蘭卡島，終於擊敗拉瓦納救出希妲，凱旋回到拘薩羅國，榮登國王寶座。

《羅摩衍那》裡頭也有為數眾多的妖魔和怪獸登場，是一部奇幻冒險故事。登場人物的個性鮮明，例如堅強勇敢的男主角羅摩、楚楚可憐的女主角希妲、忠厚可靠的幫手哈奴曼等，直到現在依然在印度享有高人氣。

《羅摩衍那》登場人物相關圖

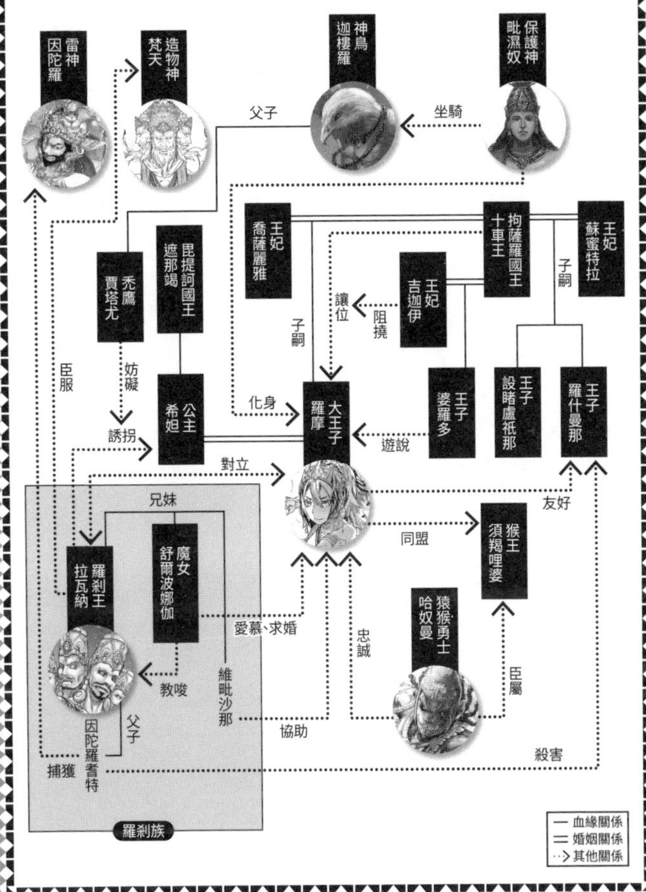

篇幅為印度最多也是世界最長的一大史詩

史詩《摩訶婆羅多》

以史實為基礎描述同族操戈的故事

約由長達10萬詩句所編寫而成的《摩訶婆羅多》，據悉是印度最長，亦是世界最長的敘事詩。其篇幅為希臘史詩《伊里亞德（Iliad）》與《奧德賽（Odysseia）》加總起來的7倍。一般認為其原型於西元前三世紀左右完成，約於西元四世紀發展成目前所見的全18章架構，據推測這部作品的問世時期晚於《羅摩衍那》。相傳作者為毗耶娑〔→P186〕，但此人為傳說中的存在，真正的作者依然是個謎。

摩訶婆羅多這個名稱的意思為「描述婆羅多族戰爭的史詩」。內容講述祖先為古印度傳說之王婆羅多的俱盧國（Kuru）王族，分裂成2個陣營，同族同胞展開了為期18天的慘烈戰爭。據悉是根據西元前十世紀左右，實際發生於俱盧國領土庫魯謝特拉（Kurukshetra）的戰事所寫成的。

《摩訶婆羅多》與《羅摩衍那》同樣引用了大量的神話，主線故事僅佔了整體篇章的約五分之一，但細膩地描寫出人類陷入爭鬥狀態的愚蠢與空虛。故事大綱如下。

五王子與百王子心有千千結而引發大戰

俱盧國的王族中，有一對名為持國（Dhṛtarāṣṭra）與般度（Pāṇḍu）的兄弟。由於持國失明的緣故，般度遂成為國王，但般度卻英年早逝，持國因而繼位成為新王。

持國膝下育有100名王子，般度則育有5名王子，雙方分別被稱為俱盧族（Kaurava）與般度族（Pāṇḍava）。持國收養了般度五王子，與俱盧的百王子一同撫養長大。雙方平等地接受教育，五王子的表現卻比百王子更為出色。

持國承認五王子比自己的兒子們優秀，有意將五王子的大哥堅戰［→P198］

立為接班人。百王子的大哥難敵〔↓P200〕對此感到不服，企圖殺害五王子卻失敗。持國將王國一分為二，創立百王子之國與五王子之國。

難敵在堅戰的登基大典上失態，並因此懷恨在心，揚言透過博弈與堅戰一決勝負。不知這場賭局有詐的堅戰一敗塗地，國土與財寶全被難敵奪走。難敵開出條件，要求五王子在外流浪12年，第13年則必須隱姓埋名過日子，接著將他們掃地出門。

五王子聽命照辦，在第14年時向難敵提出返還其領地的要求，卻遭到拒絕。因此，俱盧國王族遂分裂成般度五王子與俱盧百王子兩陣營，展開為期18天的大戰。最終雖由五王子陣營獲勝，但雙方皆為幾近全軍覆沒的狀態，戰爭落幕時只剩下虛無。

在這場戰事中最為驍勇善戰的則是五王子中的三王子阿周那〔↓P188〕。保護神毗濕奴的化身克里希納〔↓P192〕，對臨出陣前因同族操戈一事感到罪惡的阿周那曉以大義的情節，乃印度哲學的結晶，並獨立成為聖典《薄伽梵歌(Bhagavad-Gita)》，特別受到印度教信徒的尊崇。

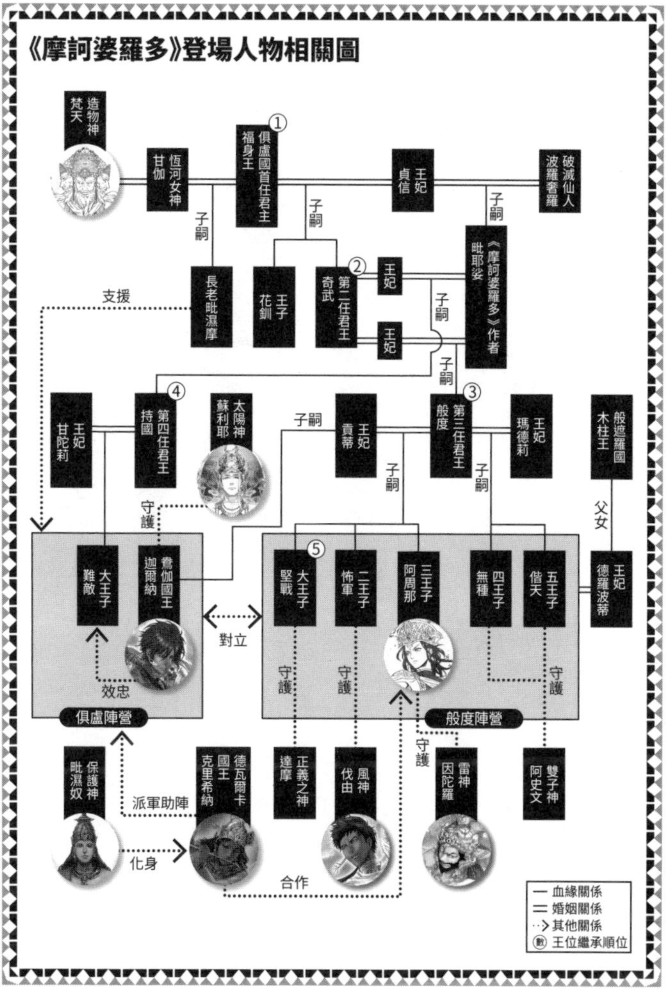
《摩訶婆羅多》登場人物相關圖
造物神 梵天
恆河女神 甘伽
①俱盧國首任君主 福身王
王妃 貞信
破滅仙人 波羅奢羅
子嗣
長老毗濕摩
王子 花釧
②第二任君王 奇武
王妃
王妃
《摩訶婆羅多》作者 毗耶娑
支援
王妃 甘陀莉
④第四任君王 持國
太陽神 蘇利耶
王妃 貢蒂
③第三任君王 般度
王妃 瑪德莉
般遮羅國 木柱王
父女
守護
大王子 難敵
鴦伽國王 迦爾納
效忠
俱盧陣營
對立
⑤大王子 堅戰
二王子 怖軍
三王子 阿周那
四王子 無種
五王子 偕天
王妃 德羅波蒂
般度陣營
保護神 毗濕奴
德瓦爾卡國王 克里希納
派軍助陣
化身
合作
正義之神 達摩
風神 伐由
雷神 因陀羅
雙子神 阿史文
血緣關係
婚姻關係
其他關係
王位繼承順位

印度神祇相關圖

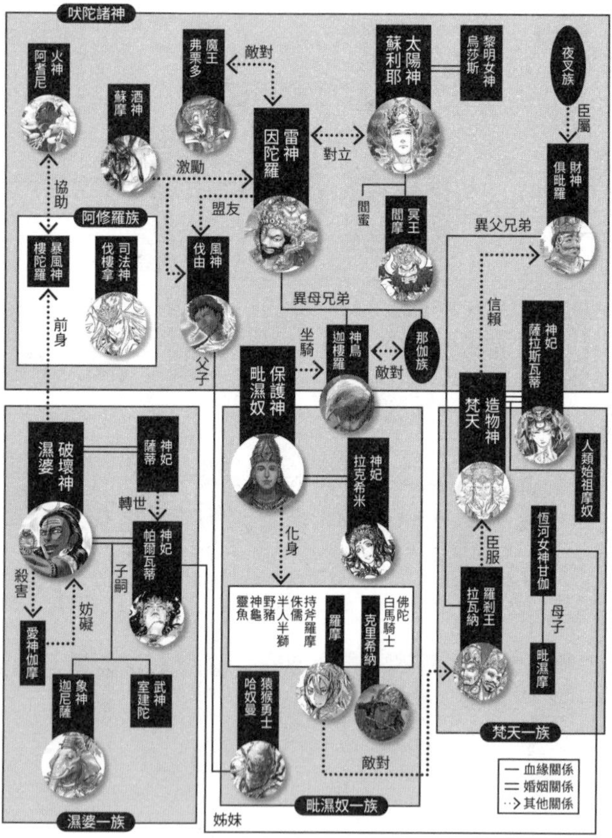
吠陀諸神
火神 阿耆尼
酒神 蘇摩
魔王 弗栗多
敵對
雷神 因陀羅
對立
太陽神 蘇利耶
黎明女神 烏莎斯
夜叉族
臣屬
財神 俱毗羅
激勵
盟友
協助
閻蜜
冥王 閻摩
異父兄弟
阿修羅族
暴風神 樓陀羅
司法神 伐樓拿
風神 伐由
異母兄弟
信賴
前身
坐騎
神鳥 迦樓羅
敵對
那伽族
父子
保護神 毗濕奴
神妃 薩拉斯瓦蒂
造物神 梵天
人類始祖摩奴
破壞神 濕婆
神妃 薩蒂
轉世
神妃 拉克希米
神妃 帕爾瓦蒂
化身
臣服
恆河女神甘伽
殺害
子嗣
妨礙
佛陀 白馬騎士
克里希納
羅摩
持斧羅摩
侏儒
半人半獅
野豬
神龜
靈魚
羅剎王 拉瓦納
母子
毗濕摩
愛神 伽摩
象神 迦尼薩
武神 室建陀
猿猴勇士 哈奴曼
敵對
梵天一族
血緣關係
婚姻關係
其他關係
濕婆一族
毗濕奴一族
姊妹

第2章 往世書時代的神祇

毗濕奴
Viṣṇu

別名　阿鳩陀（永生不朽）
阿難陀（永恆無限）

神格　印度教三大神、陽光神、繁榮之神

持物　法螺、善見神輪、金剛杵、蓮花

坐騎　迦樓羅

維持世界運作與執掌繁榮的至高神

三位一體的最高位神祇之一，負責維護被創造出來的世界。最大的特徵為具有10種化身，且會在適當的時代以適當的形態現身，守護良善，滅除邪惡。毗濕奴原本為陽光神格化的印度原生神祇，在婆羅門教時代的重要性低落，但透過化身的方式出現在各種神話中，而於印度教時代確立了至高神的地位。

化身、降凡（Avatāra）

相傳毗濕奴會透過10種化身，從混亂中拯救世界。這10種化身分別為靈魚、神龜、野豬［→P40］、半人半獅［→P41］、侏儒［→P42］、持斧羅摩［→P168］、羅摩［→P168］、克里希納［→P192］、佛陀［→P43］、白馬騎士。然而，上述10種化身只是其中一種通說，有時也會有不同組合的10種化身，甚至也有22種化身的說法。

為世界帶來繁榮的最高主神，原本卻是……

如實體現其名字所代表的「遍及一切」、「無所不在」等意義，會透過10種化身出現在各個時代，從各種混亂狀態救濟眾生的神祇即為毗濕奴。他是印度教三位一體至高神的一員，在現代印度則與三神之一的破壞神濕婆［↓P48］勢均力敵，各自擁有廣大信眾。世界從誕生到再生皆由三神掌管，梵天［↓P72］負責創造、毗濕奴負責維持、濕婆則是破壞。令世界豐饒、繁榮乃毗濕奴的職責所在，而這一點則使其被認為能為世人帶來現世利益，可說是促成其享有高人氣的主要原因。

毗濕奴為印度原生神祇，據信為陽光的神格化。因此，他被讚譽為擁有溫暖又仁慈的神格，賜予人類安養生息之地。毗濕奴這個名諱想必就是取自陽光普照的意象吧。在聖典《梨俱吠陀》中，獻給毗濕奴的讚歌為「3步便能跨越全宇宙」，可見其神力之大超乎常規。然而，吠陀（婆羅門教）時代的毗濕奴並非擁有重要地位的神祇。在《梨俱吠陀》中單獨獻給毗濕奴的讚歌僅有5篇，相較於在全部1028篇的讚歌中，佔了約莫四分之一篇幅的雷神因陀羅[↓P88]，箇中差異可謂一目了然。

那麼，毗濕奴究竟是如何成為印度教最高主神的呢？解謎的關鍵便藏在化身這個概念裡。

藉由化身成為獨一無二的最高位神祇

令毗濕奴開始被視為至高神的重要文獻為史詩《摩訶婆羅多》。在這部作品中，第三任俱盧國王般度膝下有5名王子，毗濕奴則化身為英雄克里希納[↓P192]開導了三王子阿周那[↓P188]。從《摩訶婆羅多》獨立出來的聖典《薄伽梵歌》，以及附屬於《摩訶婆羅多》的《訶利世系（Harivaṃśa）》等文本皆對克里希納的諸多事蹟有所著墨，毗濕奴神話可說是透過克里希納這個媒介而廣為流傳。

此外，毗濕奴逐漸被認為會在世界陷入混亂之際，以化身的形態現身，拯救眾生。除了克里希納，還不斷吸收融合其他神祇與靈獸來作為化身。這樣一路發展下來，最終演變成許多神話的關鍵人物「其實就是毗濕奴的變身」，促使其重要性大幅躍升。毗濕奴在印度教信仰的推波助瀾下，確立了印度神話最高主神的地位。

話說回來，從吠陀文獻時期便存在著毗濕奴是唯一至高神，其他神祇乃其分身的觀念。《摩訶婆羅多》可說是簡單明瞭地統整了這套理論。《薄伽梵歌》則清楚道出毗濕奴化身為克里希納的目的與意義在於「守護為善者，消滅為惡者，為了維持正義而現身於各個世界」。如此明確的定義成為帶動化身概念普及的基礎。

充滿特色的10種化身形態

毗濕奴的10種化身並非全都是人類，有時是獸類，有時則呈現出非人非獸的奇特容貌。各項化身的具體內容如下。

第一化身為長角的靈魚馬特斯亞（Matsya），馬特斯亞的原意為「魚」，從大洪水中拯救了人類始祖摩奴〔→P82〕。第二化身為巨龜庫爾瑪（Kūrma）。在

《百道梵書（Satapatha Brāhmaṇa）》的攪乳海（創世神話）故事中，協助眾神從乳海中取出不死仙藥甘露。庫爾瑪潛入海底背負著被當成攪海棒的曼陀羅山，作為支撐點讓山能像陀螺般旋轉。第三化身為長著堅韌獠牙的野豬瓦哈拉，第四化身為獅頭人身的那羅辛哈，第五化身為侏儒瓦摩納。第六化身則是帶有「手持斧頭的羅摩」之意的持斧羅摩（Paraśurāma）。其父親為遭到海哈亞（Haihaya）王族殺害的仙人迦摩陀迦尼（Jamadagni），持斧羅摩為了報父仇而將王族殺個片甲不留。第七化身為史詩《羅摩衍那》主人公羅摩，第八化身克里希納則是毗濕奴的核心形態。第九化身為佛教開山祖師佛陀。第十化身為白馬騎士迦爾吉（Kalki），但尚未現身過。相傳他會在人類墮落得無以復加之時，為了剷惡除奸，恢復正義而現身。

在娛樂產業方面，毗濕奴則成為《女神轉生》與《女神異聞錄》系列的固定班底。尤其在前者的系列中，網羅了10種化身，將其打造成能力足以與濕婆相抗衡的強力幫手。

瓦拉哈　Varāha

保護神毗濕奴的第三化身。瓦拉哈為「野豬」之意，有著一對長獠牙，而這對獠牙則能撐起大地。在《薄伽梵往世書（Bhāgavata Purāṇa）》與《蓮花往世書（Padma Purāṇa）》等許多往世書中，都可見到瓦拉哈撐起大地的神話。故事內容如下。

不斷與眾神爭鬥的魔王金目（Hiranyāksha），將大地連根拔起丟進水裡。當時造物神梵天〔→P72〕的兒子斯婆闍菩婆（Svayambhuva）為了創造新世界而忙著尋覓能夠打坐的場所，但因為大地被淹入水裡而找不到理想的土地。於是，梵天找了毗濕奴商議此事，接著毗濕奴的鼻子噴出一隻小豬，而且身形轉瞬間便龐大如山。這隻豬便是瓦拉哈。瓦拉哈探入水中尋找大地並以獠牙將之高高抬起。金目從中作梗，反被瓦拉哈以棍棒擊敗，大地接著被固定於水面上，再次重見天日，形成了可供創造的土地。

那羅辛哈 Nṛsiṃha

毗濕奴的第四化身，為獅頭人身的半人半獸狀態。相傳毗濕奴為了打倒魔神金床（Hiranyakashipu），才選擇幻化成此形態。

據《毗濕奴往世書（Viṣṇu purāṇa）》所述，金床歷經一連串的苦行修練後，擁有強大的力量，並獲得造物神梵天的承諾：「無論是神或魔、人或獸都無法取你性命」。金床的兒子卻是虔誠的毗濕奴信徒，他告訴父親「毗濕奴無所不在」。金床對此言感到火大，踹柱怒道：「難道他也在這裡嗎？」沒想到毗濕奴的化身那羅辛哈竟從崩裂的柱子中現身，將金床大卸八塊。由於那羅辛哈非人非獸亦非神，才得以擊潰這位大魔王。

後來的往世書則在梵天的承諾中追加一條「無論是白天或夜晚、在建築物的內與外都無法取你性命」的內容。毗濕奴因而化身為那羅辛哈，於傍晚時分在玄關打倒金床。

瓦摩納 Vāmana

毗濕奴的第五化身。侏儒，亦即身形袖珍，但並非像妖精般迷你到只有巴掌大，而是與身材嬌小的人類少年差不多。以聖典《梨俱吠陀》的「毗濕奴3步便能走遍全世界」的讚歌為基礎的瓦摩納神話，則出現於《薄伽梵往世書》等文本。

被稱為達伊提耶（Daitya）的巨人族之王巴利（Bali），在歷經一番苦行後獲得超越眾神的能力，統治天庭、陽間、地府三界。純潔女神阿迪蒂（Aditi）因為此事而拜託毗濕奴救濟眾神，毗濕奴遂化身為阿迪蒂的兒子，成為少年僧瓦摩納，前往拜謁巴利。對僧人來訪感到歡喜的巴利主動表態「想要什麼我都給你」，瓦摩納則回應「請賜給我3步範圍內的土地」。巴利因小覷嬌小的瓦摩納而一口答應，沒想到瓦摩納瞬間變得無比巨大，第一步跨出陽間、第二步跨越天庭。至於第三步則眾說紛紜，有一說主張第三步將巴利趕往地府，另一說則稱第三步踩死了巴利。

佛陀 Buddha

毗濕奴的第九化身，亦即佛教的開山祖師佛陀。從願意延攬不同宗教人物的這一點來看，足見印度神話兼容並蓄的程度。只不過，身為毗濕奴化身的佛陀卻帶有負面性質。

在《薄伽梵往世書》與《火神往世書（Agni purāṇa）》中的佛陀，透過佛教引導眾神的仇敵——魔族阿修羅〔→P124〕與巨人族達伊提耶走上錯誤的道路，而被視為「藐視吠陀的異端者」。換言之，在這些文本中將佛教的教誨視為錯誤的主張。

這件事背後則與印度教和佛教對婆羅門教的立場不同有關。印度教是承續婆羅門教而誕生的，佛教則是否定婆羅門教而問世，這亦成為婆羅門教衰退的因素之一。所以，印度教在立場上是不承認佛教的。印度神話要等到佛陀所宣揚的佛教大幅變化為密教後，才加入有關佛教的內容。

Lakṣmī

拉克希米

別名　洛卡瑪特（世界之母）
賈拉蒂賈（生於海洋者）

神格　幸運女神、豐收女神、財富女神

持物　蓮花、甘露瓶、木橘果實、法螺

佛教名　吉祥天女

帶來幸運與財富的美麗女神

執掌幸運與豐收的女神，也掌管隨豐收而來的財富。原為命運女神，後與豐收女神絲莉統合的拉克希米，容貌清麗，舉止優雅，在攪乳海（創世神話）中誕生，為保護神毗濕奴［↓P34］的妻子。當毗濕奴的化身在神話中登場時，也會做為其妻子或戀人陪伴在旁。在佛教則被漢譯成財富女神吉祥天女。

化身、降凡（Avatāra）

由於夫婿毗濕奴擁有許多化身，拉克希米也夫唱婦隨地透過各種化身在神話中登場。例如羅摩之妻希妲［→P180］、持斧羅摩之妻達拉妮（Dhāranī）、克里希納之妻魯克彌妮（Rukminī）等。

吉祥天女

拉克希米在佛教的漢譯名。拉克希米一詞原為幸福或吉祥之意。吉祥天女被視為幸運與財富女神，丈夫為毘沙門天。

誕自乳海的優美女神

在印度教創世神話攪乳海的過程中，浮現了14種珍寶，其中之一即為女神拉克希米。據《毗濕奴往世書》記載，拉克希米為仙人婆利古（Bhrgu）之女，為了逃過詛咒必須隱匿行蹤而躲進乳海避難。拉克希米從乳海現身後，分別受到破壞神濕婆【↓P48】與魔族阿修羅【↓P124】的求婚，但毗濕奴已搶先一步娶她為妻。相傳被捷足先登的濕婆懊惱不已，還悔恨到咬了蛇魔族那伽【↓P156】。

拉克希米在吠陀時代（婆羅門教）被認為是執掌命運的女神。她在聖典《梨俱吠陀》中代表幸福之意，但在《阿闥婆吠陀》卻成為幸運與不幸女神。在後來的《蓮花往世書》中，拉克希米的姊姊阿拉克希米（Alakshmi）則被視為不幸女神。此外，拉克希米原本與豐收暨幸運女神絲莉（Śrī）皆被認為是太陽神阿迪提亞（Āditya）之妻，後世則將兩人視為一體，隨著時代變遷，絲莉遂被拉克希米統合。因此，攪乳海故事還分成有絲莉登場以及沒有絲莉登場的版本。

與毗濕奴的化身配對，常伴夫君左右

由於丈夫毗濕奴擁有各種化身，出現於許多神話中，拉克希米也夫唱婦隨地透過化身，常伴左右。在史詩《羅摩衍那》中，毗濕奴化身成主角羅摩〔↓P168〕，她則變身成妻子希妲〔↓P180〕。希妲是從田隴中誕生的，這是因為拉克希米與絲莉被視為一體，而被當成執掌豐收的大地母神崇拜的緣故。其他像是毗濕奴化身為克里希納時，拉克希米就變身為妻子魯克彌妮與情人拉達(Rādhā)；毗濕奴化身為持斧羅摩時，則變身為妻子達拉妮。也就是說毗濕奴身旁的美女全都是拉克希米的化身。

由於拉克希米掌管作物豐收，因此也被當成財富女神敬拜。在繪畫中經常可見其手持蓮花與甘露瓶，不過從其右手湧出許多金幣的圖像也很常見。隨著時代推移，拉克希米被納入佛教後，被漢譯為吉祥天女。丈夫為武神毘沙門天，起源則是印度神話的財神俱毗羅〔↓P146〕，因此吉祥天女可說是被特別強調掌管財富的女神。

濕婆

Śiva

別名 巴夫魯帕（具有多種形體者）
納塔拉賈（舞蹈王）

神格 印度教三大神、破壞神（偶爾為雌雄同體）

持物 三叉戟、虎皮裙、蛇頸鍊、棍棒

坐騎 公牛南迪

佛教名 大自在天等

神力卓絕群倫的破壞與再生之神

濕婆為三相神之一，相傳起源為出現於聖典《梨俱吠陀》的暴風神樓陀羅〔↓P138〕。暴風在破壞世界後，會滋潤大地為人們帶來恩澤。濕婆也是具有此種特性的神祇。

他對待敵人冷酷無情，但卻很疼老婆，而且會大方賜予信眾恩惠，其名字則代表「吉祥」之意。

濕婆的別名

濕婆因為性格千變萬化而擁有許多別名，例如，以獸皮為衣者（Kurittivāsasu）、破壞萬物者（Hara）、掌管死亡時間者（Kaal）、可怖的神祇（Bhairava）、惡魔之王（Bhutesvara）、賜予恩惠者（Śaṅkara）、偉大的苦行者（Mahātapasu）等等。在《林伽往世書（Livga purāna）》中則列舉出1116個別名。每個別名都是基於神話內容而來。

在印度享有高人氣的濕婆派最高主神

在印度神話人物中尤其廣獲民眾喜愛的濕婆，相傳其起源為出現於古代聖典《梨俱吠陀》中的神祇。自古以來令人們感到恐懼的暴風神樓陀羅與印度原生神祇的傳說融合，形成了印度神話中擁有強大力量的濕婆神。濕婆最終成為印度教三大神之一，衍生出許多傳說與神話，確立了至高無上的地位。

濕婆在海報等圖像上往往被描繪成略施脂粉，散發著女性氣息，微笑的神情也充滿韻味，相當柔美。乍見之下會覺得濕婆面容和善呈現出中性美。不過，仔細端詳會發現他有著一頭捲髮、藍白色的肌膚，額頭有第三隻眼，腰上圍著虎皮裙，戴著蛇頸鍊或手鍊，手上則握著三叉戟，顯得雄壯威武。濕婆的本性其實就是「戰鬥神」。

因力量強大而發展出許多神話並流傳至今

濕婆絕對不會輕饒藐視自己的對象。從以下這個故事便可略知一二。濕婆第一任妻子薩蒂〔↓P60〕的父親達剎（Daksa）討厭濕婆，在眾神齊聚一堂的宰牲節，故意不邀請濕婆，藉此羞辱他。薩蒂對父親的行為感到羞恥而自焚輕生，得知此事的濕婆怒不可遏，先是將達剎的宅邸夷為平地，還打傷了一眾神祇，最後砍下達剎的腦袋。

然而，濕婆同時也有慈愛的一面，會對有求於他的人伸出援手。根據史詩所述，當時仙界正準備執行一項規模浩大的計畫，將流淌在天庭的恆河引流至人間，受到委託的濕婆則幫忙用自身的頭髮來接住水流。但是恆河女神甘伽〔↓P70〕卻質疑濕婆的能耐，令濕婆發怒，將她囚禁在髮絲裡好幾年。

而在「三城毀滅」的故事中，眾神因對付不了霸佔堅固城堡的魔族阿修羅〔↓P124〕，而求助於濕婆。濕婆則放箭殺光阿修羅，展現出其無堅不摧的神力。濕婆也因為這樣又被稱為制伏三城者（Tripurāntaka）。

濕婆也是出了名地疼老婆的天神。他在妻子薩蒂香消玉殞後，抱著遺體傷心地遊走於世界各地，後來與薩蒂轉世的帕爾瓦蒂〔↓P54〕再度結為連理。

相傳濕婆與帕爾瓦蒂也很恩愛，甚至還留下這樣的小故事：有位賢士為了避免打擾到夫妻倆纏綿悱惻的時間，而在外頭等候，沒想到這一等就是100年，最後傻眼離開。

濕婆與疼老婆的形象相輔相成，也是一位象徵豐穰的神祇。他的形態有時會被比擬成林伽（lingam，男性生殖器）。相傳在世界尚未誕生前，保護神毗濕奴[→P34]與造物神梵天[→P72]在互相較勁之時，眼前出現了比大地更巨大、金光閃閃的林伽。雙方對此展開競爭，看誰能先抵達林伽的盡頭。然而，無論他們如何往前奔就是看不到終點處，就在兩神不知如何是好的時候，濕婆這才從裂開的林伽中現身。因為這則故事才衍生出林伽＝濕婆的傳說。而且，直到現在印度仍有非常多的寺廟將林伽奉為神物。

亦融入佛教與次文化領域

與濕婆相關的神話多半相當露骨、生動，例如戰鬥、林伽等，不過他其實還被稱為「舞蹈王」有著意想不到的一面。在世界被火紅夕陽暈染成金黃色的傍晚時分，濕婆會在岡仁波齊峰（Kailāsa）隨著眾神的合奏，展現莊嚴的舞姿。相傳許多神祇和賢士為了一睹其風采會紛紛湧上山。濕婆的舞蹈不只供神欣賞，他還會在火葬場與惡魔們狂舞，藉此來安慰歷經生離死別而悲傷不已的人們。

濕婆地位神聖，而其神話則深得民心，至今依然廣受信奉。濕婆也被納入印度密教和佛教，換上不同的樣貌。例如，隨著佛教傳入日本的濕婆，則根據其別名摩訶迦羅（Mahākāla），被漢譯為大黑天。扛著一只大袋子在背後，面露笑容的大黑天，容貌與濕婆一點都不像，應該是只保留了濕婆所具有的「福神」與「財神」屬性吧。

不光是佛教，近年來，濕婆也成了動漫或電玩遊戲的常客。在手遊《女神轉生》中，濕婆為人氣固定班底，擁有超強的戰鬥力。性格複雜，神力又無遠弗屆的濕婆，跨越世代，甚至跨越地域，成為廣受人們敬愛的存在。

帕爾瓦蒂

Pārvatī

（又譯：雪山神女）

別名 烏摩

神格 濕婆神妃

家族成員 夫：濕婆
子：迦尼薩、室建陀

佛教名 烏摩天妃

集萬千寵愛於一身的濕婆之妻

帕爾瓦蒂被認為是喜馬拉雅山脈神格化後的山神之女，相傳同時也是破壞神濕婆〔↓P48〕元配薩蒂〔↓P60〕的轉世重生。當神界出現「濕婆的兒子將消滅惡魔」的預言時，帕爾瓦蒂被公認為是生下此孩子的不二人選，並因此嫁給濕婆。她與丈夫的感情非常融洽，似乎牢牢抓住了破壞神濕婆的心。

半女自在天（Ardhanārīśvara）

帕爾瓦蒂在繪畫或雕像方面，經常被塑造成陪伴在濕婆身邊的嬌妻。而陰陽結合的合體神「半女自在天」，可說是夫妻倆鶼鰈情深的極致展現。半女自在天神像的右半身為濕婆，左半身為帕爾瓦蒂，兩者合為一體。在神話中，濕婆被專心一志刻苦修行的帕爾瓦蒂打動，而允許她與自己結合，才衍生出這名神祇。相傳此神融合陰與陽、男性與女性特質，能發揮極為強大的力量。

由濕婆深愛的髮妻薩蒂投胎轉世而來

嫁給濕婆的女神相當多，但據信無論哪一位都與其元配薩蒂有關，因此歸結起來其實都是同一位女神。其中最赫赫有名的則是北山神喜馬拉雅的女兒——帕爾瓦蒂。她的名字代表「山的女兒」抑或「住在山裡的女神」。

濕婆因被第一任妻子薩蒂的父親嫌棄，而遭其羞辱。薩蒂對父親的作為感到羞愧而自焚，但轉世重生成為女神帕爾瓦蒂。古印度詩人迦梨陀娑（Kalidāsa）形容帕爾瓦蒂為「目如蓮花，眉如愛神之弓，步態宛若天鵝般婀娜多姿」，盛讚其為貌美無比的女神。

帕爾瓦蒂與濕婆的邂逅是被刻意安排出來的。在薩蒂過世後，濕婆藉由修習苦行來療傷止痛，而巨人陀羅迦（Taraka）企圖趁此機會進犯神界。眾神們因聽聞只有濕婆的兒子才有辦法殺死這隻惡魔，因而策畫讓帕爾瓦蒂和濕婆配成對，以完成生子的任務。然而，一心想念著已逝的薩蒂而執著於苦行的濕婆，根本聽不進眾神的勸說。即便嬌豔欲滴的帕爾瓦蒂使出色誘招數也無效，濕婆只是一味刻苦修行。

因此，眾神又另覓他法，找來愛與情慾之神伽摩〔→P84〕射出魔法箭矢，來讓濕婆動情。但凡被伽摩的箭矢射中，無論何神都會燃起愛火。然而，濕婆非但沒墜入情網，還因為苦行受到打擾，憤而燒死伽摩。

為嫁濕婆就算嚴峻苦行也能忍

即便是愛神也無法打開濕婆的心房，但帕爾瓦蒂沒有因為這樣就打退堂鼓。她向濕婆看齊，進行嚴峻苦行，藉此表露心意。濕婆見到帕爾瓦蒂關在山上刻苦修行，決定予以試探一番。順利通過考驗的帕爾瓦蒂，終於得償所願，嫁給濕婆。而兩人所生下的戰神室建陀〔→P68〕，果真如預言所指，終結了巨人陀羅迦的性命。

關於濕婆試探帕爾瓦蒂的方法，則留下了各式各樣的傳說。其中一項為，濕婆變身成陌生男子接近帕爾瓦蒂，故意在其面前說濕婆的壞話。帕爾瓦蒂聽到這些話後非常生氣，濕婆覺得歡喜滿意，接著變回本尊並答應結婚。

另一說則是，變身成婆羅門（祭司階級）老僧的濕婆，在帕爾瓦蒂面前假裝遭鱷魚襲擊。由於帕爾瓦蒂發誓不會碰觸濕婆以外的男性，因此無法出手幫助眼前的老人。可是就這樣見死不救的話，老人就會喪命……。帕爾瓦蒂天人交戰一番後，決定拋下誓言，救助老人。被帕爾瓦蒂的真心誠意打動的濕婆遂表明真實身分，接受這門婚事。兩人絕非從一開始便攜手做夫妻，而是歷經許多迂迴曲折的過程後才修成正果。

印度神話中最著名的神仙眷屬

濕婆與帕爾瓦蒂的結合在某種意義上可說是眾神所推動的策略婚姻，但兩人結為連理後，感情卻好到令周遭傻眼的地步。據《薄伽梵往世書》所述，帕爾瓦蒂甚至還曾全裸依偎在濕婆的膝蓋上。當時正好有聖人來訪，令帕爾瓦蒂無比驚慌與害羞。濕婆不忍嬌妻受委屈，直接宣告「今後若有來者未事先通報就入內，我就把他變成女人」，以此來安撫帕爾瓦蒂，也令人見識到其寵妻無上限的行徑。

而且濕婆的最大特徵，第三隻眼的誕生也與帕爾瓦蒂有關。根據往世書記載，帕爾瓦蒂因為濕婆勤修苦行而感到寂寞，某天悄悄從濕婆身後以雙手摀住其雙眼。沒想到太陽卻因此消失，世界被黑暗所包圍。大家對此感到恐懼不已，此時從濕婆的額頭出現第三隻眼，照亮世界各地。

通常在繪畫上帕爾瓦蒂會被畫成與濕婆相依偎的模樣，這點放諸雕像亦然。帕爾瓦蒂坐在濕婆的膝蓋上、濕婆握著帕爾瓦蒂的乳房等鶼鰈情深的畫作、雕像亦十分常見。帕爾瓦蒂被納入佛教後，改稱為烏摩天妃，仍舊依偎在「大自在天」（濕婆漢譯化的名稱）身邊。

薩蒂 Satī

破壞神濕婆第一任妻子。在薩蒂已屆適婚年齡時，父親達剎為了選女婿而廣邀眾神前來宅邸作客。然而，薩蒂早已對濕婆芳心暗許。討厭濕婆的達剎刻意未發出邀請，薩蒂卻為了尋找濕婆而搜遍整座屋子。發現濕婆不在場而感到絕望的薩蒂，遂將原本準備獻給未來夫婿的花環往空中拋去。接著頓時光芒四射，濕婆於焉現形。達剎見到濕婆已接下花環，只得不情不願地同意這門婚事。但是達剎在兩人婚後依舊不改羞辱濕婆的行為，對父親心死的薩蒂為了表達抗議而自焚喪命。得知此事的濕婆氣到發狂，打傷了包含達剎在內的許多神祇以示報復。在這之後，濕婆抱著薩蒂的遺體流連於世界各地，世界因而荒廢不振。保護神毗濕奴〔→P34〕只好將薩蒂的遺體切碎，好讓濕婆能振作起來。被切碎的薩蒂遺體四散各地，據悉這些地方全都成為聖地。

米娜克希 Mīnākṣhī

米娜克希的名字由來為「有著魚眼的女神」。魚無法眨眼，所以眼睛永遠都是睜開的。相傳米娜克希也是一瞬也不瞬地時刻守護著人們。她原本是在南印度廣受信仰的達羅毗荼族女神，後來與印度教合體，並成為帕爾瓦蒂的另一種面向。根據傳說，馬杜賴（Madurai）地區有位信奉帕爾瓦蒂的王后。某日，帕爾瓦蒂在其夢中現身，並留下預言：「我會出生來當妳的女兒，而且身上會有3個乳房。不過，遇到真命天子後，第3個乳房就會消失。」米娜克希便在這之後誕生。日後在她遇到濕婆時，第3個乳房果真如預言所述般消失不見，她遂頓悟到濕婆乃自己的丈夫。

位於南印度的米娜克希神廟是相當有人氣的觀光景點，也是民眾的信仰所在。直到現在每年的四～五月仍會舉辦慶祝濕婆與米娜克希結婚的祭典。

迦梨 Kālī

破壞神濕婆的妻子之一，據說也是帕爾瓦蒂的其中一個化身。若說帕爾瓦蒂乃美麗與沉穩的具體展現，那麼迦梨則是集「凶猛」特質於一身。

迦梨出現於史詩時代，又被稱為「黑色女神」，膚色黝黑，十分好戰，而且模樣相當奇特。她有好幾張臉，舌頭伸得老長，露出似笑非笑的表情。迦梨有很多隻手，皆握有武器，腰間繫著一圈人手，脖子則掛著一串人頭。相傳從前在惡魔圖謀統治這個世界時，迦梨劃破濕婆妻子之一的杜爾嘉〔↓P63〕臉孔而出，把惡魔殺個精光。而且還在惡魔斷氣前大啖其血，好戰性格展露無疑。在戰鬥過後，因喝血而醉茫茫的迦梨無法抑制亢奮的情緒，竟當場狂跳起歡喜之舞。大地承受不住其舞蹈而開始崩裂，眾神懇求濕婆出面阻止，濕婆遂滑到迦梨腳下，刻意遭其踩踏來結束這場舞。

杜爾嘉 Durgā

帕爾瓦蒂的化身之一，乃執掌紛爭與戰爭的女神。其名字意為「難以接近的女神」，被認為是破壞與殺戮女神。杜爾嘉在古時候是受到溫迪亞（Vindhya）山脈周邊居民信仰的女神，但被印度神話吸收，成為濕婆的妻子。

杜爾嘉的誕生始末則記載於頌揚她的聖典《女神榮光（devīmāhātmyam）》中。從前眾神與魔族阿修羅不斷展開熾烈爭鬥，落居下風的神祇們轉而求助於破壞神濕婆、保護神毗濕奴〔→P34〕、造物神梵天〔→P72〕，三神則分別射出光芒來對付阿修羅。相傳杜爾嘉便從這些光芒中誕生。接著眾神賜給杜爾嘉三叉戟、法輪、法螺、矛槍、雷電、鈴鐺、水瓶，以及獅子當坐騎，她則不負重望地一舉擊敗惡魔。

杜爾嘉雖被描述成個性火爆又好戰的女神，但根據史詩《羅摩衍那》等文獻記載，她也曾救助在海上遭遇船難的災民，具有柔情的一面。

迦尼薩

Gaṇeśa

別名 迦納帕帝（群眾之王）
維格內修瓦拉（破除障礙之王）

神格 財富之神

持物 斧頭、莫達克（甜點）

坐騎 老鼠

佛教名 大聖歡喜天、聖天

象頭人身的濕婆兒子

脖子以上是缺了半邊牙的象頭，脖子以下則是人類的身體。有著圓滾滾的大肚子與成人男性身軀的這位仁兄，是如假包換由破壞神濕婆和帕爾瓦蒂所生的兒子。迦尼薩又被稱為「群眾之王（Ganapati）」，據信是掌管財富、名聲與智慧的神祇而廣受民眾信仰。他也是在印度教中擁有壓倒性人氣的神祇。

大聖歡喜天、聖天

迦尼薩與佛教融合後被稱為大聖歡喜天，抑或聖天，成為鎮護三千世界的守護神。大聖歡喜天依然有著象頭外型，被供奉於日本各地的寺院。此外，迦尼薩在密教亦為知名的財產與和合之神，密教的迦尼薩像則以兩神相擁的形態來呈現和合意象。

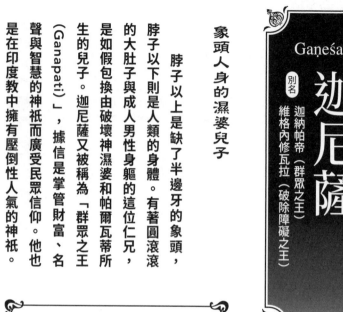

因濕婆搞烏龍而變成象頭

在許多神祇皆有著奇特外貌的印度神話中，迦尼薩可說是特別引人注目的存在。他是破壞神濕婆〔↓P48〕與帕爾瓦蒂〔↓P54〕這對夫妻的兒子，長相卻跟父母毫不相似，完全就是象臉。下述這些傳說則交代了造成此事的來龍去脈。

某天帕爾瓦蒂沐浴時吩咐兒子幫忙看守浴室。迦尼薩不敢違逆母命，堅守崗位，連父親濕婆要進浴室都不肯放行。濕婆一怒之下竟失手砍掉兒子的腦袋。後來濕婆見帕爾瓦蒂心都碎了才急急忙忙找尋兒子的頭顱，卻遍尋不著，此時正好有一頭象從身旁經過，他便抓起象頭套在兒子的身體上。

除了象頭之外，第二令人在意的特徵則是迦尼薩缺損的象牙。據《蓮花往世書》所述，某天濕婆在睡覺前吩咐迦尼薩戒備看守，接著剛巧有聖人（抑或持斧羅摩〔↓P168〕）來訪，迦尼薩以父親正在睡覺休息為由，拒絕為其通報。訪客怒而將斧頭砸向迦尼薩。由於這把斧頭為濕婆所賜，迦尼薩也不閃躲就這樣接受攻擊，因而失去了一根牙。

關於其象牙還有另一則神話。某日，迦尼薩騎乘老鼠移動時，因為突如其來的意外而從坐騎上掉了下來。他的肚子因為落地時的撞擊力而破裂，從中滾出了一堆他最愛的莫達克（Modak，甜點）。迦尼薩手忙腳亂地要將這些寶貝撿回來，月亮見狀忍不住訕笑，迦尼薩因不滿月亮的態度，憤而投擲象牙抗議。因此緣故，直至今日在舉行迦尼薩的祭典之際，相傳若抬頭望月就會招致不幸。

執掌財富、名聲與幸福，在印度國內亦享有高人氣

外貌雖然甚是奇異，但對父母相當誠實又認真的迦尼薩，在印度也是一位人氣很旺的神祇。他甚至還擁有「群眾之王」的別名，在民眾之間大受歡迎。迦尼薩既是賜予人們智慧、幸福、財富的神祇，也是生活的守護神。據悉至今在印度要開業做生意時，仍然會遵守供奉迦尼薩雕像或圖像的習俗。而且相傳史詩《羅摩衍那》是由迦尼薩口述記錄而成的，因此他也是一位名聲響亮的學問之神。

室建陀

Skanda

別名 卡爾提凱亞（與昴宿結合者）格拉哈（抓攫者）

神格 軍神

持物 矛槍、劍

坐騎 孔雀帕拉瓦尼

佛教名 韋馱天

降生來消滅惡魔的神祇

室建陀是破壞神濕婆〔→P48〕與帕爾瓦蒂〔→P54〕所生的男神，與迦尼薩為手足。他因為被預言為「唯一有辦法消滅惡魔的男神」，而促成父母的婚事。室建陀為戰神，名字意為「攻擊者」，簡直可說是為了戰鬥而生的神祇。在消滅惡魔後，室建陀成為統領濕婆軍團的大將，守護著父親。

然而，上述神話其實是在濕婆信仰開始當道後才出現的。有一說主張，達羅毗荼族所信奉的山神穆盧甘（Murugan）乃室建陀的原型。穆盧甘是在南印度深受民眾信奉的神祇，身形如少年，是一位僅出生6天便消滅了惡魔的凌厲少年神。

在濕婆信仰愈發深入人心後，身為軍神的室建陀遂被推舉成為濕婆與帕爾瓦蒂的兒子。他與父親同樣擁有許多別名，身上穿著符合軍神風格的金黃色鎧甲，這點則與手足和父親大不相同。他的神情柔和穩重，卻孔武有力。永遠的少年將軍，即為室建陀的形象。而他在南印度也是掌管生育的知名神祇。

室建陀被納入佛教後的新名字為韋馱天，乃四天王八大將軍之一的增長天。韋馱天的腳程比任何人都快，是守護佛與神的存在，相傳能消滅小惡魔。

室建陀自古以來就被認為等同於以軍神之姿受到信奉的卡爾提凱亞（Kārttikeya）。據史詩記載，被灌注到火神阿耆尼〔↓P94〕身上的濕婆精液，由恆河女神甘伽〔↓P70〕接收才誕下了卡爾提凱亞。由於卡爾提凱亞是由6顆星所形成的昴宿（Krittika）養育長大的，因此相傳擁有6張臉孔。卡爾提凱亞的坐騎為孔雀帕拉瓦尼（Paravāṇi），而他通常以手持弓箭的形象示人。

甘伽

Gaṅgā

別名　芭德拉索瑪（神聖飲品）
荷拉謝卡拉（濕婆頭髮）

神格　恆河女神
持物　寶瓶

印度三大聖河之一的恆河化身為女神

最受到印度人敬愛，至今仍備受尊崇的恆河，據信源自喜馬拉雅山上，最後流入孟加拉灣。恆河規模宏大，長達2500公里，擁有7條支流，自古以來即為滋潤印度大地，守護民眾生活的河川。從遠古時代便被當成三大聖河之一崇拜的恆河，神格化後成為女神甘伽。據神話記載，甘伽為北山神喜馬拉雅的女兒。有些文本稱其為破壞神濕婆之妻帕爾瓦蒂〔→P54〕的姊妹，有些神話則主張她是濕婆的妻子。然而，史詩所描述的甘伽卻是負責將觸怒神祇而被貶為凡人的「天人」送回天庭的女神。

在更為遙遠的吠陀時代（婆羅門教），薩拉斯瓦蒂河其實比恆河更廣為受到崇拜。不過後來恆河信仰愈發深入人心，同時隨著女神的形象而聲名遠播。

根據神話所述，原本恆河並非屬於凡間的河川，而是流經保護神毗濕奴〔↓P34〕指尖，滋潤天界的「天上之川」。然而，就在某天發生了拘薩羅國王薩竭羅（Sagara）屠殺6萬名王子的事件。為了告慰這些枉死的冤魂，只能借助神聖之河的力量來進行超渡。因此神界便展開了將恆河引流至人間的遠大計劃。

不過，若直接將這條河挪下凡間，將會引發天崩地裂，因此相傳濕婆用頭髮接住川流，幫忙將恆河引流至人間。於此之際，甘伽因小覷濕婆的神力，直白表明「如此洶湧的湍流，頭髮怎可能擋得住」，令濕婆憤而將她囚禁在頭髮裡長達數年的時間。恆河就這樣順利被遷往人間，從天上之川轉變成凡間之河。至今在河川支流處仍存在著許多聖地。

梵天

Brahmā

（音譯：婆羅賀摩）

別名 阿特瑪布（創造自身者）
斯拉傑修達（比所有神祇更早存在者）

神格 印度教三大神、造物神
持物 水壺、權杖、經書
坐騎 桓娑（Haṃsa，鵝）或天鵝
佛教名 梵天

創造世界的眾神之祖

梵天與破壞神濕婆、保護神毗濕奴並列為印度教三大神。梵天創造世界、毗濕奴負責維持，濕婆則予以破壞，稱之為三位一體。原本梵天並未具有人類的外型，而是類似宇宙原理般的存在，在後世神格化後才變成如今的形態。雖是歷史悠久的神祇，地位與掌管項目卻被毗濕奴和濕婆瓜分。

梵天

婆羅賀摩被漢譯為梵天。梵天通常與漢譯為帝釋天的雷神因陀羅［→P88］以成對的方式受到供奉，兩神亦被合稱為「梵釋」。

八大世界守護神

相傳於印度教時代，由梵天所任命負責守護8個方位的神祇。北為俱毗羅［→P146］、東北為蘇摩［→P116］、東為因陀羅、東南為阿耆尼［→P94］、南為閻摩［→P110］、西南為蘇利耶［→P98］、西為伐樓拿［→P134］、西北為伐由［→P106］坐鎮。

在印度神話中為難以定義的神祇之一

相傳創造了宇宙，亦創造了神祇的梵天，也被稱為眾神之父。在古老的神話中，無論是喜馬拉雅山脈或大海、河川，全都是由他一手打造而成。一般認為梵天是從漂浮在宇宙的金黃色卵中誕生的，但在毗濕奴信仰日漸興盛後，有一說則主張他是從保護神毗濕奴〔↓P34〕肚臍綻放的蓮花中出生的。

梵天原本是一位擁有許多神話的天神，但隨著時代推移，他的這些神話與故事逐漸被其他神祇取代，有些換成破壞神濕婆〔↓P48〕當主角，有些則轉變成毗濕奴等神祇領銜主演，令人唏噓的是，梵天本身的存在感就這樣一路走下坡。最終，指點迷津成為他最主要的任務，在人或神有困難時現身，給予建言後翩然離開。

梵天擁有4張臉與4隻手，手持念珠與水壺等物，以鵝或天鵝為坐騎，是其最廣為人知的形象。相傳梵天原本其實有5張臉。有一說主張他是為了時刻注視女兒兼妻子的薩拉斯瓦蒂〔↓P78〕，才不斷增生臉孔，結果演變成這副尊容。這位誕自梵天身體的女兒美得不可方物，被迷得七暈八素的梵天則在東西南北各個方位露臉，防堵女兒逃走。在女兒逃往天庭之際，第5張臉遂於頭上出現，逼得女兒只得放棄，由此可見梵天同時具有熱情又執拗的一面。

在許多神話中皆與濕婆有心結

印度神話在後世不斷與印度原生神祇融合，促使濕婆信仰愈見盛行。承前所述，梵天在濕婆信仰當道的潮流中，地位逐漸降低；於是原本創出眾神的梵天被塑造成是由濕婆所創出的，甚至還有神話描述梵天擔任濕婆的馬夫。

而且這些神話還主張，梵天的5張臉中有1張是被濕婆砍下的。遭砍的原因眾說紛紜，例如濕婆對梵天自視甚高的態度感到火大，為了懲罰他而動手砍臉，抑或梵天出生成為濕婆的孩子，但依舊不改妄自尊大的態度，令濕婆火大而砍臉教訓之。還有一說則是，濕婆為了懲罰與薩拉斯瓦蒂搞亂倫的梵天而砍下他的1張臉。無論哪個版本，梵天都因為自大的態度而失去1張臉。

然而，某則神話描述，濕婆雖砍下了梵天的頭顱，但這顆頭顱緊纏著濕婆的手不放，濕婆歷經了12年的修行才終於得以擺脫。由此可見梵天身為眾神之父的威嚴並未完全消失。

濕婆與梵天之間的糾葛仍持續延燒。創造許多神祇的梵天，從自身的手指生出了達剎。這個達剎正是導致濕婆第一任妻子薩蒂〔→P60〕自焚喪生的罪魁禍首，可說是濕婆的天敵。濕婆與梵天的心結甚至擴及到這個層面。總之，在後世的神話中很容易看到這兩人起爭執的場面。

轉換跑道為眾神指點迷津

隨著濕婆信仰圈不斷擴大，梵天也開始扮演起不同的角色。那就是成為對眾神提供建議的指導者。當惡魔來襲時，梵天預言濕婆的兒子將消滅惡魔、要將恆河從天庭挪下凡之際，也是由他說服眾神向濕婆請求協助、守護8個方位的八大世界守護神亦由其所任命等等，在濕婆信仰成為主流的浪潮下，梵天最終成了建言之神。

梵天雖歷經了地位的更迭，但根據往世書所述，他與妻子薩拉斯瓦蒂所生下的孩子，即為人類始祖摩奴〔↓P82〕。更重要的是，能夠從古印度的梵天神話中，一窺古印度人的感性與世界觀，著實饒富興味。比方說，下面這則傳說就是個很好的例子。

古印度人似乎認為要繞行世界1周必須花費1萬2千年的時間。而這個1周便等於眾神的1年。然而，唯獨梵天的1天等於86億4千萬年，這稱之為劫(kalpa)。相傳世界在這個劫運轉的期間誕生，接著死去。換言之，這個世界只不過是梵天1天的經歷。

梵天在後世被納入佛教，成為扶持釋迦的大梵天。轉換跑道輔佐其他神祇，可說是非常適合梵天的角色。

Sarasvatī

薩拉斯瓦蒂

別名　芭拉蒂、大明母、伽耶特黎

神格　音樂女神、水之女神

持物　維納琴（琵琶）、書、念珠、繩子

坐騎　孔雀

佛教名　辯才天女

優美河川神格化所形成的女神

出現於聖典《梨俱吠陀》中的河川高達25條，其中最為知名，被盛讚為優美之川的則是薩拉斯瓦蒂河。而薩拉斯瓦蒂即為這條河川的神格化。河川能透過河流孕育作物，滋潤人們的生活。性情與河川性質如出一轍的薩拉斯瓦蒂，擁有崇高的地位，甚至被譽為「至上天母」與「女神之最」。

伽耶特黎（Gāyatrī）

古印度人似乎也將吠陀經（聖典）當成神，吠陀的音韻、詩節則被稱為「伽耶特黎」。獻給太陽神的伽耶特黎真言最為有名，相傳一天吟誦3000次伽耶特黎真言便能除去所有的罪孽。詩歌韻律最終神格化，成為女神伽耶特黎。而這名女神正是薩拉斯瓦蒂的別名。清麗的河川女神亦身兼詩歌女神。

淨化世間萬物的至上女神

薩拉斯瓦蒂是在吠陀時代（婆羅門教），從最為知名的河川所衍生而出的女神。遺憾的是，如今已不知曉昔日的這條名川相當於今日的哪條河川。究竟是傳說中的河川，抑或已經消失不見，一切成謎。儘管河川已不可考，所幸女神仍健在。

聖典《梨俱吠陀》頌揚其為「恩澤滿溢的薩拉斯瓦蒂，出類拔萃的女神」，盛讚其花容月貌，美得不可方物。薩拉斯瓦蒂逐漸與言語女神同化，據傳不但發明了梵文，還在喜馬拉雅山脈發現不死仙藥甘露。在早期階段，薩拉斯瓦蒂是生成萬物的女神，被認為擁有無邊的神力。

膚色白皙有著多條手臂，端坐於蓮花或孔雀之上，彈奏維納琴（Veena，琵琶）乃薩拉斯瓦蒂最著名的形象。從這個形象不難聯想到，被納入佛教後的薩拉斯瓦蒂成了辯才天女。辯才天女也是掌管音樂、美與智慧的女神。而且據悉奉祀辯才天女的寺院大多建於河川等水邊附近。此外，在寺院附近的水井或水邊洗滌硬幣予以淨化的「洗錢辯才」文化，亦沿襲了薩拉斯瓦蒂水之女神的特質。

歷經百轉千迴後，與梵天結為連理

薩拉斯瓦蒂的丈夫即為人稱眾神之父的梵天〔↓P72〕。然而，這樁婚事也是一波三折，狀況連連。有一說主張薩拉斯瓦蒂是由梵天所生。由於梵天被女兒的美貌迷得神魂顛倒，熱切希望能娶其為妻。薩拉斯瓦蒂對於這樣的父親到恐懼，一心只想逃得遠遠的。然而無論她往哪邊逃，必然會出現梵天新長出來的臉孔，執拗地盯著她不放。走頭無路的薩拉斯瓦蒂遂往天上逃，但赫然發現梵天的臉孔居然往上伸出，逼得她只得作罷，答應這門婚事。還有另一說指稱，薩拉斯瓦蒂原本為保護神毗濕奴〔↓P34〕之妻，因與其他妻子起糾紛，惹得毗濕奴不快而將她賜給梵天。

儘管成婚過程頗為曲折，最後成為梵天夫人的薩拉斯瓦蒂與丈夫十分恩愛，據往世書記載，兩人生下了人類始祖摩奴〔↓P82〕。

摩奴

Manu

別名 毘婆斯伐達・摩奴
（由毘婆斯伐特所生的摩奴）

種族 人類

家族成員 父：梵天
（抑或毘婆斯伐特）
母：薩拉斯瓦蒂
（抑或商者娜）

在大洪水中倖存下來的人類始祖

摩奴一詞的意思為「人類」，出現於印度神話的摩奴則被認為是現今人類的始祖。吠陀文獻之一的《百道梵書》則記載了摩奴成為人類始祖的來龍去脈。某天當摩奴正在洗手時，一條魚游進他手裡，預言道：「即將發生大洪水，人類會因此滅亡」，接著表明「若你願意飼養我的話，屆時我會幫你」。摩奴照辦，飼養了這條魚，待其長大後將之放流於海。後來果真如預言，發生了大洪水，昔日的那條魚遂出現在乘船逃難的摩奴眼前。摩奴將魚綁在船身上，直到魚將船帶到北山後才下船。除了摩奴以外，所有人類皆在這場洪水中罹難，摩奴從供品中造出女兒，讓人類再度誕生於世。

此神話令人聯想到舊約聖經的諾亞方舟，不過這類大洪水傳說則散見於巴比倫尼亞、希臘、北美等世界各地。確切原因雖然不明，但文明大多發跡於河川附近，因此可推測，應該是古代人們總是提心吊膽害怕河川氾濫才發展出這類神話。

摩奴神話亦被援引至後世的文獻，並加上了有關魚之真實身分的記述。約於西元四世紀問世的史詩《摩訶婆羅多》，指稱那條魚為造物神梵天〔→P72〕，而在毗濕奴信仰盛行時所寫成的《薄伽梵往世書》則主張那條魚是保護神毗濕奴〔→P34〕的化身馬特斯亞。

進入印度教時代後，摩奴則成為梵天之子，而且總共有14人。這是源自將宇宙從誕生到消滅的期間（亦即1劫）分成14期，而每一期都有摩奴存在的觀念。1劫為梵天的1天，相當於86億4千萬年。現世則處於第七位摩奴期，其父親為太陽神蘇利耶〔→P98〕，別名為毘婆斯伐特（Vivasvat），因此摩奴的另一個名字則是代表「毘婆斯伐特的兒子」之意的毘婆斯伐達・摩奴。

Kāma

伽摩

別名 卡瑪諦瓦、普拉杜姆納

神格 愛神
持物 弓箭
坐騎 鸚鵡

被濕婆燒死的愛與快樂之神

伽摩相當於西洋的愛慾之神厄洛斯（邱比特，Cupid）。據聖典《梨俱吠陀》記載，伽摩是在宇宙創世之際產生的概念，在被黑暗所覆蓋的世界中最初出現的事物即為慾望（Kama）。後來這個概念被神格化，形成愛神伽摩。伽摩模樣俊美，而且青春永駐不會老，騎乘鸚鵡手握弓箭。他會四處遛達不斷射箭，相傳被其箭矢射中時，無論是人還是神都會動情墜入愛河裡。

當時破壞神濕婆［→P48］因痛失愛妻薩蒂［→P60］而沉浸於悲傷裡。濕婆為了斬斷對妻子的思念而修習苦行，眾神則為了讓他再次動情而派出了愛神伽摩。因為在那段期間，惡魔進犯神界大鬧天庭，令眾神相當頭大。眾神因聽聞「濕婆的兒子將消滅惡魔」的預言，認為有必要讓濕婆停止苦行，促其與薩蒂轉世的帕爾瓦蒂〔↓P54〕結為連理。於是，伽摩便帶著由甘蔗製成的弓、蜜蜂弦以及開著花朵的箭，目標直指在喜馬拉雅山上修練的濕婆。他將弓箭對準苦行中的濕婆，沒想到濕婆額頭的第三隻眼突然張開，射出光芒，伽摩這就樣被活活燒死。

伽摩之妻拉蒂（Rati）因喪夫而傷心欲絕，哀求帕爾瓦蒂說情。相傳被妻子說動的濕婆這才答應讓伽摩復活。往世書提到，在伽摩轉世為毗濕奴的化身克里希納之子——普拉杜姆納（Pradyumna）之時，妻子拉蒂亦歷經投胎轉世，嫁給了魔族降巴拉。偶然間撿到還在襁褓中的普拉杜姆納的拉蒂，得知此嬰孩即為前世夫婿而用心養育。長大成人的普拉杜姆納從降巴拉手中奪回拉蒂，兩人再度成為夫妻。這真是一則很符合愛神風格的浪漫故事。

從保護神毗濕奴肚臍綻放的蓮花中誕生的造物神梵天。陪伴在毗濕奴身旁的女性則是其妻子拉克希米（取自《mahabharat》Gorakhpur Geeta Press，

第3章 吠陀時代的神祇

因陀羅

Indra

別名 弗栗多漢（手刃弗栗多者）
摩恆陀羅（偉大的因陀羅）

神格 八大世界守護神、雷神、軍神
持物 金剛杵、弓、劍
坐騎 白象
佛教名 十二天・帝釋天

擁有許多英雄傳說的驍勇神祇

執掌雷電的吠陀眾神之王。在印度最古老的聖典《梨俱吠陀》中，讚歌數遙遙領先。有著褐色肌膚、健壯的因陀羅，會投擲法器拔哲羅（vajra，金剛杵）擊碎惡魔或敵人。其英姿被當成雅利安戰士的榜樣而被崇拜。另外，他的性格奔放不羈，曾破壞黎明女神烏莎斯［↓P104］的座車，擾亂神界和平。

十二天・帝釋天

因陀羅被納入佛教後，成為護法主神之一的帝釋天。他同時也是十二天的一員，負責鎮守東方。因陀羅被稱為「釋提桓因陀羅」（Śakro devānām indraḥ，眾神之王因陀羅），傳入中國時則將此名漢譯為「天帝釋」，簡稱帝釋。

性情激烈，身懷無與倫比的戰鬥力

在印度最古老的聖典《梨俱吠陀》中，被獻上最多讚歌的神祇即為雷神因陀羅，大約佔了整體四分之一的篇幅，由此不難想像在古印度，因陀羅是最廣受民眾信仰，人氣最旺的神祇。

身為吠陀時代（婆羅門教）眾神之首的因陀羅負責掌管雷電。他有著褐色肌膚、身材魁梧，率領暴風神馬魯特（Mahēndra）神群，乘坐由2匹馬所拉曳的戰車，奔馳於空中。因陀羅的武器為拔哲羅（金剛杵），而這個質地肖似金屬的道具便成為其代表性法器，並以此召喚閃電與雷擊來擊碎惡魔與敵人。被因陀羅的拔哲羅所降伏的惡魔可謂不計其數。

在電影《天空之城》中，「拉普達之雷」這個足以毀滅世界的力量又被稱為「因陀羅箭矢」，研判這應該是指後來問世的史詩《摩訶婆羅多》中所記載的，用於戰爭的武器「因陀羅之雷」。附帶一提，因陀羅擁有許多別名，其中一項則是「烏格拉達努瓦（持有威力強大之弓者）」。

因陀羅藝高人膽大，個性奔放不羈。他會制伏惡魔與強敵來保護民眾，對信徒則展現出寬宏大度的態度。不過，他亦具有黑暗面，像是破壞黎明女神烏莎斯的座車，搶走太陽神蘇利耶〔→P98〕的車輪，擾亂神界和平。因陀羅也具有嗜飲蘇摩酒，會暴飲暴食這些與凡人無異的一面。

擊敗魔王弗栗多，成為三界之王

享有高人氣與威望的因陀羅，並非打從一開始便被賦予如此崇高的地位。在吠陀時代初期神祇中，因陀羅是僅次於司法神伐樓拿〔→P134〕，重要性位居第二的天神。

《梨俱吠陀》則記載了因陀羅悲慘的身世與青年時代。因陀羅是從母親的側腹出生的，但被身為地母神的母親普利提毗（Pṛthivī）所拋棄。相傳原因在於因陀羅剛出生便擁有強大的力量，令其母感到恐懼，也有一說指稱這是母親為了保護他不被眾神嫉妒才出此下策。此外，父親迪尤斯（Dyaus）也對這個兒子懷有敵意。結果導致因陀羅殺死親生父親，沒有任何神祇願意再同情他，令其陷入窮途末路而不得不浪跡天涯。

不過，因陀羅因獲得蘇摩酒而找回活力，接著終於迎來黃金時代。因陀羅之所以能超越其他神祇取得優勢，原因在於他制伏了魔王弗栗多〔→P128〕。弗栗多狂飲宇宙之水，引發重度乾旱，令人們苦不堪言。幾乎所有神祇都對魔王感到忌憚而紛紛出逃，只有因陀羅暢飲蘇摩神酒，養精蓄銳，手持拔哲羅搭上戰車前往殺敵。

歷經一番鏖戰後，因陀羅擲出拔哲羅刺中弗栗多身體，讓維持萬物生命所須的水分流洩而出。眾神與人們都感到歡喜不已，因陀羅從此成為三界之王，君臨天界、空界與地界。

被塑造成雅利安戰士典範的因陀羅形象

因陀羅不光只是在神話中打倒仇敵，亦與雅利安人現實中的敵人「達薩（Dāsa）」交戰。達薩是印度河流域的原住民族，與入侵印度的雅利安人乃敵對關係。因陀羅搗毀了達薩族固守的要塞，而被讚譽為「普朗達羅（破壞要塞、都市者）」。因陀羅可說是雅利安戰士所憧憬的理想楷模。

然而，以英勇形象馳名的因陀羅，隨著時代推移，印度教逐漸取代婆羅門教成為主流後，地位也跟著下降。

在往世書中，因陀羅的族譜始於保護神毗濕奴〔→P34〕。雖然依舊處於統領眾神的地位，但威力大不如前，有時會不敵惡魔，甚至被擒獲。而且，這些文本還刻意強調其好色的一面，描述其因染指人妻而陷入窘境的情節。儘管依然手持拔哲羅這項武器，但乘坐著豪華白象的形象，儼然已令人感受不到昔日威武勇猛的風采。

儘管隨著時代變遷，神祇的地位與神界組織也跟著有所改變，然而因陀羅仍持續保有身為眾神代表者的優勢。無論如何物換星移，因陀羅可說始終留駐於信仰的中心。

阿耆尼

Agni

別名　瓦伊修瓦那拉（普遍之物）

神格　八大世界守護神、婆羅門教三大神、火神

坐騎　火光車、公羊

佛教名　十二天・火天

為神祇與凡人牽線的火之神

阿耆尼是吠陀時代（婆羅門教）初期神祇之一，與眾神之王雷神因陀羅〔↓P88〕相同，是自古以來便為人所信仰的火之神。阿耆尼為儀式以及家庭用火等各種火的象徵，據信這些全都是他的化身。阿耆尼會變成儀式之火焚燒供品，將來自凡間的訊息傳遞給眾神，因此也是媒介者。

十二天・火天

阿耆尼在密教中成為鎮護方位的神祇，乃十二天的一員，以火天（火仙、火神、火光尊）之名善盡守護神的職務，負責看守東南方。

存在於各類型火中的古老神祇

拉丁文的ignis（火）、英文的ignition（點火），皆來自火神阿耆尼之名。阿耆尼的起源可追溯至遠古時代的灶火崇拜，並被認為擁有能驅除惡魔的潔淨神格而廣受人們信奉。他是自吠陀時代初期便為人所信仰的古老神祇，在聖典《梨俱吠陀》中的讚歌數僅次於因陀羅。

阿耆尼既是火神，也象徵著火本身。在天上化作太陽的光輝、在空中以閃電之姿，乍現亮光、在地上則成為儀式所用之火，熊熊燃燒。他會出沒於各戶人家的爐灶中，前往森林時就會成為森林大火，而且還會化身為人體中的消化之火、憤怒之火、思想之火。阿耆尼無所不在，而且火為人類共通的概念，因此他又被稱為「普遍火（Agni Vaisvanara）」，被讚頌為拂去黑暗之光、顯靈之光。

阿耆尼會將民眾所燒的酥油（ghee，澄清奶油）或起司這類供品，以裊裊煙霧的方式運送給眾神，扮演傳遞者的角色。此外，他也負責將眾神運往祭壇，是神祇與凡人的媒介。

超愛酥油（澄清奶油）的大胃王

阿耆尼有著金色下巴與金牙，頭髮則是火焰，而且據傳有3顆頭。他擁有3條或7條舌頭，以便享用祭祀時人們所燒的供品，尤其熱愛酥油（澄清奶油）。相傳阿耆尼出生了3次，因為其飢腸轆轆而吃掉了雙親，接著還伸長舌頭舔酥油止飢。

阿耆尼藉由吃來獲得力量，並將此力量用於救苦救難。他會以火焰燒死惡魔，拯救人們度過危機。他對惡魔趕盡殺絕，另一方面會挺身保護信眾，賜予子孫和家畜，令家庭興旺。

然而，後來問世的史詩《摩訶婆羅多》記載，阿耆尼因為吃了太多供品而消化不良，為了幫助消化竟燒了坎達瓦（Khandava）森林。這個有點不光彩的故事，卻成為其著名事蹟。阿耆尼想盡辦法要把森林燒光，但因陀羅老是降雨來滅火，他因而請求英雄阿周那［→P188］，與其好友保護神毗濕奴的化身——克里希納［→P192］提供武器，總算成功燒光了森林，順利治好了消化不良的毛病。

蘇利耶

Sūrya

別名 沙維德利（給予刺激者）
毘婆斯伐特（遍照者）

神格 八大世界守護神、婆羅門教三大神、太陽神

持物 長著7顆頭的紅棕馬所拉曳的黃金戰車、蓮花

佛教名 十二天・日天

帶來生命的太陽神

蘇利耶是閃耀於天空的太陽神格化。白天負責守護世界，並帶來光明、知識以及生命。他乘坐由7頭紅棕馬所拉曳的戰車，從東到西奔馳於天空中，宣告季節的循環。此英姿又被稱為天空的寶石，相傳與黎明女神烏莎斯「↓P104」為一對戀人。往世書則描述其外型如人，有著3隻眼與4條手臂。

蘇利耶座車

由長著7顆頭的紅棕馬所拉曳的黃金戰車，亦被比喻為空中飛鳥。《毗濕奴往世書》描述，蘇利耶所乘坐的這輛戰車無比巨大，代表「月份」的車輪被固定在不滅的「年」上。此外，12位天庭樂師與巨人們會分別在1年中的每個月份輪番搭乘此戰車，奔馳於天際。

穿越天空知會季節遞嬗的太陽神

印度從古至今皆相當盛行太陽崇拜。而太陽的神格化即為蘇利耶。他是萬物都必須抬頭仰望的神，也是透視萬物，監看人類作為的眼。

蘇利耶又被稱為「沙維德利（Savitṛ，給予刺激者）」，不只賜予萬物生命，還為人類帶來光明與知識。一般認為人們得以達成目標，完成工作都是託他的福。蘇利耶正是人類與動物，甚至也是非生物的守護者。

蘇利耶乘坐由長著7顆頭的紅棕馬所拉曳的黃金戰車，奔馳於司法神伐樓拿[→P134]在天空所鋪設的道路。《毗濕奴往世書》記載，蘇利耶的這輛座車無比巨大，長達9000由旬（yojana，1由旬約等於7～9公里）。12位天庭樂師與隱士、巨人們會分別在一年中的每個月份輪番搭乘戰車，穿越天空，知會季節的到來。

蘇利耶的光芒碎片再生成眾神的武器

成書年代較晚的往世書描述，蘇利耶有3隻眼與4條手臂，肌膚為暗紅色，外型如人。他雙手拿著蓮花，第三隻手會賜福給凡人，第四隻手則用來救助信奉他的人們。

此外，往世書還記載，蘇利耶（抑或毘婆斯伐特）與工藝之神陀濕多［↓P120］（一說為毗首羯磨，Viśvakarman）之女商耆娜（Sanjna）成婚，生下了冥界之王閻摩［↓P110］、閻蜜以及人類始祖摩奴［↓P82］。商耆娜雖是太陽神蘇利耶的妻子，卻難以忍受丈夫所散發的熱氣，找來槍手假扮自己後，即變身成母馬躲藏於森林裡。蘇利耶原本對冒牌妻子深信不疑，但目睹她竟對理應疼愛的親生兒子摩奴下詛咒，這才發現她並非真正的妻子。變身為公馬的蘇利耶找到正牌妻子後，為了抑制自身的耀眼光芒，委請岳父陀濕多代為削去八分之一的光芒。相傳陀濕多便利用蘇利耶的光芒碎片為眾神製作了各式各樣的武器。

阿史文（文譯：雙馬童）

Aśvinau

別名　那瑟迪亞（治癒者）

神格　雙子神、醫療之神

持物　流蜜鞭子、飛馬

能夠返老還童、治癒疾病的醫療神祇

阿史文是由兩人組成的吠陀神話雙子神。這對雙胞胎青春永駐，俊美又光彩四射，也是廣為人知的化解災厄危難、執掌醫療的神祇。

阿史文如同雷神因陀羅[↓P88]和火神阿耆尼[↓P94]，是最為古老的神祇之一，至於源自何種自然現象則不甚清楚。自古以來人們認為天與地、晝與夜是成雙成對的，因此阿史文可能被認為是晨星與夜星。此外，相傳這對雙子神為光與水蒸氣，代表能穿透一切物質。

相傳阿史文會乘坐由飛馬所拉曳的三輪馬車奔馳於天際，揮舞著流蜜的鞭子來對人們進行治療。他們掌管農業、家畜尤其是馬，擁有讓老者回春的神力。此外，他們也負責醫治神祇們。

《百道梵書》記載了雙子神對年事已高的仙人吉耶婆那（Chyavana）所施予的治療奇蹟。某日，吉耶婆那因為全身皺巴巴，而被不認為他是人類的少年們砸石頭攻擊。少年們的父親為了賠罪而將貌美的女兒斯卡妮雅（Sukanya）送給老人當妻子（至於演變至此的過程則眾說紛紜）。此時阿史文碰巧目睹了這段經過。遊走各地為民眾治病的這對雙子神對斯卡妮雅一見傾心，出言誘惑「別去找那個老頭子，來投靠我們這對年輕人吧」。然而，斯卡妮雅卻提出反駁，指稱雙子神並未具有完全的神性，若他們能讓老仙人回春，她就會告知自己此番言論的根據。雙子神立即以泉水讓老仙人沐浴，老仙人在沐浴後皺紋全都消失，變成年輕有朝氣的青年。

斯卡妮雅主張雙子神未具有完全神性的理由在於，他們太常接觸人類進行治療，一點都不潔淨。神界不認為他們是能獨當一面的神祇，所以兩人才沒資格飲用只賜給神的蘇摩酒。相傳在這之後，雙子神在仙人的協助下獲得飲用蘇摩酒的許可，正式加入眾神的行列。

Uṣas
烏莎斯

神格 黎明女神
坐騎 由紅馬或牛拉曳的座車

趕在太陽之前驅逐黑暗的美麗女神

烏莎斯是在太陽升起前現身，清新脫俗又貌美的黎明女神。她在聖典《梨俱吠陀》中擁有20篇獨立的讚歌，通篇皆以優美的文辭來對其歌功頌德，乃《梨俱吠陀》女神中最為搶眼的存在。烏莎斯一詞為「發光」之意，與希臘神話的曙光女神厄俄斯（Eos）系出同源。身為晨曦神格化的烏莎斯，每天早上會在太陽升起前出現在天空，驅逐夜晚的黑暗，負責讓人與動物醒來，為祭祀做準備。

烏莎斯身穿鮮紅衣裳，配戴金黃色面紗，被比喻為年輕又美麗的舞者。相傳她亦是太陽神蘇利耶［→P98］的情人，蘇利耶會乘坐由長著7顆頭的紅棕馬所拉曳的戰車，從東往西奔馳於天空，而烏莎斯會趕在蘇利耶之前驅逐夜晚的黑暗。

然而，蘇利耶總是對烏莎斯緊追不放，給予熱情的擁抱，烏莎斯則會在轉瞬間消失無蹤。翌日清晨她又會一如往常般現身於天空。

「帶著美好事物，為了芸芸眾生，烏莎斯啊，光芒遍照世界，天空的女兒，伴隨著無上的光輝，閃耀吧（女神），帶著財寶，女神啊，福澤滿盈。（略）請朝著我們廣施恩惠吧，烏莎斯啊」

（節錄自辻直四郎譯《梨俱吠陀讚歌》岩波書店出版）

無論是大人物或窮人，烏莎斯皆一視同仁，帶給世間眾生財富與光明，賜予幸福。慈悲為懷又美麗的烏莎斯被視為人類益友，是在民眾之間最有人氣的女神。烏莎斯的姊姊為黑夜女神拉特莉（Rātrī），據信她負責讓世界萬物得以安息。姊妹倆也經常被合併在一起讚揚。

儘管烏莎斯在後世神話中的鋒芒被太陽神蘇利耶蓋過，而失去重要性，但源自於她的優美讚歌直到現在仍傳唱不息。

伐由

Vāyu

別名 阿尼拉（風）
甘達瓦哈（傳送香味者）

神格 八大世界守護神、婆羅門教三大神、風神

持物 2匹紅馬所拉曳的戰車、白旗

坐騎 長鬃山羊

佛教名 十二天・風天

為生命注入氣息的風神

伐由是風的神格化，在吠陀眾神中是佔有重要地位的自然神，與火神阿耆尼〔↓P94〕、太陽神蘇利耶〔↓P98〕穩居婆羅門教三大神寶座。他會透過吹氣為世間萬物帶來生命力，並予以守護。他在印度教成為鎮守西北方的八大世界守護神之一，地位大不如前。

哈奴曼 [→P174]

在史詩《羅摩衍那》中有傑出表現的猿猴勇士。被認為是伐由在外所生的孩子。

怖軍

在史詩《摩訶婆羅多》中，俱盧國王妃貢蒂借助伐由神力所生下的孩子。

十二天・風天

十二天之一的風天為伐由的漢譯名，相傳能賜給人們名譽和福德。其鬢髮斑白，有著一身紅褐色的肌膚，右手持幢幡，身穿鎧甲。

與因陀羅有深厚淵源的風神

伐由是風這種自然現象的神格化。他與火神阿耆尼、太陽神蘇利耶被奉為婆羅門教三大神，擁有重要地位。但在雷神因陀羅〔→P88〕登場後，地位遂被其取代。

聖典《梨俱吠陀》記載，伐由是從原人普魯沙所吐出的氣息誕生的，而他則能透過吹氣，為世間萬物注入生命氣息。伐由會飲用蘇摩酒來養精蓄銳，驅逐敵人，賜給人們名聲、財寶與子孫。

伐由與眾神之王雷神因陀羅有很深的關係。吠陀時代（婆羅門教）的神祇會根據職能與主要活動場域，而有天界、空界、地界之分。據悉風神伐由與雷神因陀羅皆隸屬於空界。伐由的座駕為2匹紅馬拉曳的戰車，但有時也會擔任因陀羅的馬夫，風馳電掣地駕馭著千頭黃金馬車。

性格與外型如同風向般善變

因陀羅在後來的時代地位降低，伐由也有同樣的遭遇。某部神話描述，伐由被趕出眾神所居住的須彌山時，失去了部分神力。

在仙人那羅陀（Narada）的慫恿下，伐由對須彌山發動攻擊作為報復。雖有神鳥迦樓羅〔→P160〕張開羽翼嚴密防守，但伐由算準迦樓羅不在的空檔，成功將山頂一舉吹往海的另一邊。相傳這就是蘭卡島的由來，也就是如今的斯里蘭卡。

在往世書中被描述為手持白旗，騎著長鬃山羊，姿態優雅的伐由，有時坐騎也會被替換成獅子。研判這是用來呈現他時而狂暴，時而穩重，善變難捉摸的性格。

伐由後來與因陀羅和阿耆尼一同被加入鎮守8個方位的八大世界守護神的行列，負責看守西北方。他亦被納入佛教，成為十二天之一的風天。

閻摩

Yama

別名 毘婆斯伐達（毘婆斯伐特之子）木里迪尤（死亡）

神格 八大世界守護神、死者之王、死神

持物 2隻護衛犬、棍棒與繩子

坐騎 水牛

佛教名 十二天・閻魔天

最初發現冥界之路的死者之王

閻摩是第一個發現冥界之路的人類，也是管理亡者的領袖。麾下的2隻護衛犬奉命嗅出死者，將之帶往閻摩的死者之國。閻摩所統治的並非地下世界，而是天界的樂園。據悉他是在後來的時代才變成掌管死後審判，會奪人性命的死神。閻摩被納入佛教後則成為地獄之王閻魔天。

八大世界守護神

閻摩為八大世界守護神之一，負責鎮守南方。他在後來的時代成為冥界之王，因此相傳由其所統治的死者之國位於南方的地下。

十二天・閻魔天

閻摩被納入佛教後，漢字音譯為閻魔、夜摩等名，並成為掌管死後審判的閻魔天。

手持奏板，面目猙獰地對亡者罪行做出判決的閻魔大王。這位儼然成為恐怖代名詞的地獄之王，其實源自印度神話的死神閻摩。然而，閻摩負責進行死後審判，成為懲罰為惡之人的神祇則是後來才發展出來的。他原是發現通往冥界之路的第一位凡人。

君臨死者之國，第一個經歷死亡的人類

閻摩的起源相當久遠，可追溯到遠比印度最古老的聖典《梨俱吠陀》更早之前的印度－伊朗共同體時代。瑣羅亞斯德教（Zoroastrianism）的聖典《阿維斯陀（Avestā）》中的「伊摩」（Yima，最初的人類、理想的統治者）便相當於閻摩。

閻摩是發現冥界之路的第一人，後來成為死者之王，君臨死者之國。其使者為擁有4隻眼的2隻護衛犬，負責守護通往冥界之路。相傳這2隻護衛犬也會在凡間巡視，嗅出死者，將之帶往死者之國。

死者之國一詞或許會令人直覺聯想到地獄，但閻摩所統治的並非位於地下的地獄，而是位於天界的樂園。在吠陀時代（婆羅門教），閻摩的死者之國被認為是充滿歡樂的理想淨土。亡者會在這裡與祖靈（Pitr）合而為一，過著安樂的生活，而這就是人們心目中的理想境界。

為了忘卻兄長之死而促成「翌日」問世

閻摩有一位雙胞胎妹妹，名叫閻蜜。閻蜜為亞穆納（Yamuna）河女神。她向兄長求愛，以熱情的甜言蜜語誘惑哥哥成為自己的夫婿。《梨俱吠陀》則記載著閻摩對其曉以大義的著名對話。

「哥哥（閻摩）我好愛你喔，所以我們就做夫妻吧。」面對閻蜜鍥而不捨的追求，閻摩總是不厭其煩地規勸「我們是兄妹，不能這麼做啦」，這番純樸的對話不禁令人莞爾。有一說則稱這對兄妹為史上第一對夫妻，人類就是由他們所生的。

根據後來問世的宗教文獻《梵書（Brāhmaṇa）》所述，閻摩之死令閻蜜傷心欲絕，為了讓她忘掉閻摩，眾神遂造出夜晚，形成「翌日」，閻蜜因而得以忘掉閻摩。晝與夜就這樣被分隔開來，繼而流傳著「夜晚能令人忘記災厄」的說法。

此外，由於死亡為閻摩的使者，因此當時認為睡眠也是來自死者之國。在吠陀時代，閻摩擁有迎接亡者前往天國的慈悲神性，但在史詩問世的時代，其性格則變得十分嚴厲，負責記錄亡者生前的作為，並且會根據紀錄做出賞善罰惡的決定。

轉變為恐怖地獄統治者的閻摩

隨著時代推移，成為亡者審判官的閻摩轉而統治執行各種懲罰的地獄。相傳地獄位於南方地下，所有鬼魂都必須在閻摩的審判座前聽候發落。

閻摩會穿著如血液般鮮紅的服裝來映襯一身綠色的肌膚，一雙紅銅色的眼眸則睜得老大，瞪視著四方。閻摩的書記吉特拉古普塔（Chitragupta）會從一本巨大書冊中念出亡者的善行與惡行，閻摩則根據此紀錄來做出審判。他會公正地審核人們生前在陽間的所作所為，根據律法與正義將鬼魂送往與其罪刑相應的地獄。

閻摩並非只是被動等待亡魂被送來審判而已。閻摩手中有一本記錄著眾生壽命期限的「生死簿」，當一個人陽壽將盡之際，他也有權派出使者，直接將此人帶來進行審判。此外，閻摩有時會騎著水牛，攜帶沉甸甸的棍棒與繩子，親自迎接亡者的到來。相傳他會把這條繩子綁在亡魂的脖子上，將之帶往地獄。

畏懼死亡的人們則拚命想找出嚇阻閻摩的方法。最為見效的是任意呼喊印度教三大神：造物神梵天【↓P72】、保護神毗濕奴【↓P34】、破壞神濕婆【↓P48】其中一位的名諱。相傳一名狡詐的惡人在臨終之際呼喊著兒子之名——那羅延（Narayana，毗濕奴的別名之一），成功喚來毗濕奴的使者，將閻摩的使者趕跑。

閻摩被納入佛教後成為閻魔天。閻魔為閻魔羅闍（Yamaraja）的簡稱，也是Yama的漢字音譯。閻魔天為審判亡者的恐怖冥王，更加著重於對亡者生前作為給予懲罰的職務，亦即今日眾所皆知的閻羅王。

蘇摩

Soma

別名 昌德拉（月亮）
蘇摩．帕瓦瑪納（淨化自身的蘇摩）

神格 八大世界守護神、酒神、月神

坐騎 由10匹馬所拉曳的三輪馬車

神酒的神格化，後來成為月神

蘇摩酒被認為是吠陀祭祀儀式中最重要的供品，而蘇摩則是此酒的神格化。相傳蘇摩是神祇的飲品，凡人飲用後能與神產生連結。用於祭祀儀式的蘇摩酒為一種提神飲料，原料為名為蘇摩的植物，故亦成為酒神的名諱。蘇摩對人類十分友善，不吝賜予恩惠，後來也被視為月神昌德拉（Chandra）。

昌德拉

在聖典《梨俱吠陀》晚期以後，蘇摩開始被當成月神。據悉這是因為月亮被認為是盛裝蘇摩酒的容器所致。昌德拉是身為月神的蘇摩別名，在佛教則被漢譯成月天。此外，蘇摩的兒子則繁衍出月種族（candravaṃśa）。

提神飲品蘇摩酒之神格化

雷神因陀羅〔↓P88〕與魔王弗栗多〔↓P128〕交戰前，曾飲用蘇摩酒養精蓄銳，最終獲得勝利。蘇摩則是這款酒的神格化。

蘇摩酒被認為是吠陀祭祀儀式中最重要的供品，相傳凡人飲用後能與神產生連結。當時的詩人會喝蘇摩酒來激發創作靈感，在聖典《梨俱吠陀》中可見到一名喝蘇摩酒至酩酊大醉進而詩興大發，情緒無比激昂的男子的獨白。研判蘇摩酒的成分應該不是酒精，而是會伴隨幻覺作用的一種毒品。

蘇摩原本是植物的名稱，從這種植物中榨取出樹液，再以名為帕比特拉(Pavitra)的過濾器去除不純物後，進行發酵所釀成的飲品即為蘇摩酒。具有興奮作用，能令飲用者情緒高昂的蘇摩酒，又被稱為阿密哩多（甘露）、瑪德拉（蜜），是眾神與祈求長命百歲的人們熱愛的飲品。然而，作為原料的蘇麻植物卻早就短缺不足，據說在祭祀儀式上所使用的是代用品。

變得傲慢的蘇摩孕育出高顏值的月種族

神格化後的蘇摩被稱為「王者蘇摩」，居住於天庭，對凡人十分友善，是不吝賜予人們恩惠的神祇。《梨俱吠陀》中獻給蘇摩的讚歌數，僅次於因陀羅與火神阿耆尼［→P 94］。此外，《梨俱吠陀》還記載蘇摩這種植物是由鷲從天庭帶下凡的，因此他也被稱為鳥類或草木之王。

在聖典《梨俱吠陀》晚期以後，蘇摩開始被當成月神崇拜。這是因為月亮被認為是盛裝蘇摩酒的容器所致。成為月神的蘇摩則擁有昌德拉（月亮）等稱呼。

在後來的往世書神話中，蘇摩成為掌管星宿、婆羅門（祭司階級）及植物的神祇。然而，他卻因為榮耀加身與強大的支配權而暈陶陶，漸漸變得傲慢自大。後來竟然被欲望牽著走，拐跑了祭主仙人布里哈斯帕帝（Brihaspati）的妻子塔拉（Tara）。此時塔拉已懷有身孕，生下來的孩子光彩照人到令眾神睜不開眼的程度。相傳蘇摩的這個兒子後來繁衍出月種族。

陀濕多

Tvaṣṭṛ

別名 毗首羯磨（所有事物的創造者）

神格 工藝之神

家族成員 女兒：莎朗尤（又稱商耆娜）
兒子：陀里希拉斯（維什瓦魯帕）

打造拔哲羅與眾神武器的工藝之神

陀濕多是吠陀神話中的工藝、技藝之神，相當於希臘神話的鍛造之神赫菲斯托斯（Hephaistos）。

陀濕多在聖典《梨俱吠陀》中雖沒有獨自的讚歌，但扮演著舉足輕重的角色，創造出各式各樣的物件。眾神之王雷神因陀羅〔→P88〕用來制伏魔王弗栗多〔→P128〕的武器——拔哲羅（金剛杵），就是由陀濕多打造的。他的手藝精湛高超，還製造出能斟滿蘇摩酒的神奇酒杯等物。

陀濕多不光只是創造物品而已，還會為天地萬物做裝飾、令胎兒發育、塑造人類與動物的形體。他也因為這樣被稱為胎藏主（Garbhapati）。陀濕多不會直接上場戰鬥，但擁有無比強大的創造力。然而，這個強大的能力卻導致他與因陀羅演變成敵對關係。陀濕多有個長著3顆頭的兒子陀里希拉斯（Triśiras，亦稱維什瓦魯帕，Viśvarūpa），因陀羅將其殺害來向陀濕多示威。此外，在《梨俱吠陀》中，陀濕多的女兒莎朗尤（Saranyu，在往世書中稱為商耆娜）嫁給太陽神之一的毘婆斯伐特為妻，生下了冥界之王閻摩〔↓P110〕、閻蜜以及人類始祖摩奴〔↓P82〕。陀濕多也因為這樣被稱為人類之祖。

在後來的時代，陀濕多也曾被認為等同於毗首羯磨。毗首羯磨是創造力與智慧具體化所形成的神祇，據信為設計出宇宙的造物神。此外，往世書文獻記載，陀濕多以女婿——太陽神蘇利耶〔↓P98〕的光芒碎片造出了保護神毗濕奴〔↓P34〕的法輪、破壞神濕婆〔↓P48〕的三叉戟、軍神室建陀（卡爾提凱亞）〔↓P68〕的矛槍等法器。

以拔哲羅（金剛杵）打倒魔王弗栗多的雷神因陀羅
（取自《mahabharat》Gorakhpur Geeta Press，Internet Archive 典藏）

第4章 妖魔、魔神

Asura
阿修羅

佛教名 八部眾・阿修羅

與眾神勢不兩立的好戰魔族

阿修羅為種族名，乃魔神與魔族的總稱。毗盧遮那〔↓P126〕與羅睺〔↓P140〕等皆屬於此族。如今阿修羅一詞主要指稱惡魔，並被應用於動漫或電玩遊戲等許多作品上。阿修羅在印度神話中亦具備強大的戰力，曾幾度令眾神陷入危機。

阿修羅的形象因為這些故事而與邪惡畫上等號，但相傳他們與神祇一樣都是誕自造物主波羅闍波提（Prajāpati）。波羅闍波提在創造黑暗的同時亦造出性喜虛偽狡詐的阿修羅，在創造天空的同時則造出性喜光明磊落的眾神。阿修羅並非打從一開始便是魔族，而是如同司法神伐樓拿〔↓P134〕、暴風神樓陀羅〔↓P

138」般，原本為吠陀時代（婆羅門教）擁有神祕幻術與咒術法力的神祇。

關於阿修羅從神變成魔的最有力說法則是，當年在攪乳海（創世神話）之際，阿修羅因其他神祇慫恿，吃掉牲禮（供品或活祭品）而遭到降級。還有一說主張阿修羅是被雅利安人趕出天界的。總之，眾神未將不死仙藥甘露分給阿修羅，也就是說，阿修羅無法長生不死。阿修羅一詞的由來眾說紛紜，有一說主張此名稱是從代表「未飲（甘露）者」之意的「A・sura」所演變而來的。

阿修羅族在佛教成為八部眾阿修羅。因原本好戰的習性，而被視為戰神。奈良縣的興福寺與法隆寺的阿修羅像則相當有名。此外，日文中的「修羅場」一詞也是源自阿修羅。據信這原本是指阿修羅與被納入佛教後成為帝釋天的雷神因陀羅「→P88」激烈交戰的場所。後來才轉變成以修羅場來形容衝突連連的場面，或悲慘的狀況。

Virocana
毗盧遮那

種族 阿修羅
家族成員 父：波羅訶羅陀
子：巴利

誤解真理之意的阿修羅首領

毗盧遮那是地位特別重要的阿修羅之一，他的名字出現在與印度神話相關的許多故事中，而每一篇的情節內容與所代表的意義都不太相同。

毗盧遮那與雷神因陀羅〔→P88〕之間則有數則故事流傳下來。有一篇講述因陀羅和毗盧遮那一同在造物主波羅闍波提門下修行，兩人想得知關於自我(Ātman)的真理，而向波羅闍波提請益。波羅闍波提回答：「打扮得亮麗體面，映照在水面或鏡中的姿態即為自我，即為真理。」毗盧遮那因為得知真理而大為歡喜，回到族裡宣揚這個道理。然而，因陀羅卻察覺到波羅闍波提故意說出錯誤的解釋而繼續修行。最後因陀羅悟出，自我由意識所造就，而非肉體或外表的道理。

在另一則故事中，毗盧遮那與因陀羅激烈交鋒，結果雖敗下陣來，但其兒子巴利歷經嚴峻苦行後，成為超越因陀羅，統治三界的大魔王。最後則與保護神毗濕奴的化身瓦摩納〔→P42〕捉對廝殺。

毗盧遮那與大日如來的關聯亦有必要著墨一番。據信大日如來為照耀世間萬物的存在，其本身便代表宇宙的真理與佛法。關於大日如來的由來流傳著諸多說法，其中一項為毗盧遮那正等於大日如來。有研究指出，在密教被認為是大日如來的毘盧遮那佛「Vairocana」與毗羅遮那的拼法非常相似即為證據之一；但也有人提出反駁，主張Virocana與Vairocana根本不一樣。無論如何，至今尚無法得知大日如來的確切由來。

弗栗多

Vṛtra

別名 阿斯勒修雷修特（至上阿修羅）
檀那婆（惡魔）

種族 阿修羅

家族成員 父：陀濕多（或迦葉波）
妻：蘭姆芭

再三與因陀羅激烈交鋒的魔族

弗栗多是阿修羅族中地位最高的魔神，相傳形體為蛇或蜘蛛。關於其出生有幾種說法，其中則以造物主波羅闍波提因痛恨雷神因陀羅 ［↓P88］ 而點燃熊熊烈火，催生出弗栗多的版本最為主流。後來，弗栗多與因陀羅經過幾番激戰後終究敗北。據信他也是引發惡劣天候，尤其是久旱不雨的罪魁禍首。

拔哲羅（金剛杵）

因陀羅最著名的武器為拔哲羅（金剛杵），相傳這是為了打倒弗栗多而特別製作的。仙人達呵池（Dadhichi）不惜犧牲性命，獻出自身的骨頭，工藝之神陀濕多 ［→P120］ 便以此打造了金剛杵。從文獻中可看到因陀羅擲出拔哲羅，召來轟天雷制敵的描寫。而這把武器至今仍被奉為神祇的法器。

令因陀羅吃足苦頭的超強阿修羅

弗栗多有好幾則故事傳世，每則傳說的內容皆不盡相同。光是往世書文獻便記載了有關他的2則出生由來。這2則故事所描述的出生方式雖然有異，但共通點都是造物主之一的波羅闍波提，為了向因陀羅報弒子之仇而催生出了弗栗多。關於弗栗多的外貌，有一說稱其有著一身黝黑的肌膚與黃色眼瞳，長著巨大的獠牙，身穿長鬃山羊的皮毛，配戴著一把劍。也有主張其外型為蛇的說法。此外，還可看到弗栗多張大嘴直接將因陀羅吞下肚的描述，研判其身形應該相當巨大。據信弗栗多為阿修羅中地位最高的魔神，他也因而擁有代表至上阿修羅之意的別名。

每種說法所援引的故事內容各不相同，不過弗栗多與因陀羅為敵，以及最終被因陀羅打敗的情節則是共通的。弗栗多與身為雷神的因陀羅乃水火不容的存在，兩者的爭鬥亦可解釋為自然現象的顯現。本書則擷取往世書文獻所記載的其中一則故事做介紹。

為了復仇而誕生

被認為是造物主波羅闍波提之一的工藝之神陀濕多，原本就與因陀羅不睦。為了打倒因陀羅，陀濕多生下了兒子陀里希拉斯。對陀里希拉斯的實力感到忌憚的因陀羅，遂砍下陀里希拉斯的3顆頭，斷送其性命。

陀濕多因兒子慘遭殺害而震怒，對因陀羅更加憎恨。接著他焚火念誦咒語，接連好幾天進行作法儀式。在第八天晚上，一名男魔神現身，稱呼陀濕多為父親。他詢問陀濕多傷心的原因，並表示自己願意為父親做任何事。陀濕多喜出望外，將他命名為弗栗多，命其打倒因陀羅。

因陀羅與弗栗多戰得難解難分，弗栗多好不容易擒住了因陀羅，將之生吞下肚。然而，因陀羅卻透過逼弗栗多打哈欠這一招成功脫困。相傳在這之後，所有會呼吸的動物都變得會打哈欠。因陀羅在這次的交手過程中明白弗栗多的力量有多強大，決定暫時休兵。

包含因陀羅在內的神祇們則齊聚於曼陀羅山，商討打倒弗栗多的對策，卻遲遲想不出好辦法，乾脆找保護神毗濕奴〔↓P34〕商量此事。毗濕奴則傳授了因陀羅一計妙招。

佯裝講和的因陀羅計謀

某天，因陀羅所派出的使者前來拜訪弗栗多，表明因陀羅願將自身一半地位分給弗栗多，作為講和的條件。弗栗多接受此條件，答應握手言和。在弗栗多造訪因陀羅的神殿時，因陀羅熱情歡迎，雙方互相褒揚，熱烈相擁，發誓要當永遠的朋友。然而，這卻是毗濕奴傳授給因陀羅的計謀。暫時佯裝握手言和，令弗栗多掉以輕心，再伺機等候打倒他的機會。因陀羅想方設法，悄悄地進行擊潰弗栗多的準備。

某日，行經南達納森林的弗栗多遇見了一位伴隨著優美歌聲，翩然起舞的美女蘭姆芭（Rambhā）。對蘭姆芭一見傾心的弗栗多遂上前攀談，詢問佳人是否願意嫁他為妻。蘭姆芭回答，若弗栗多願意對她言聽計從的話，就願意答應這門親事。弗栗多保證會遵守這項約定而將蘭姆芭娶回家。蘭姆芭要求弗栗多喝下他已禁喝多時、會導致爛醉的蘇拉（Surā）酒。弗栗多礙於婚前誓約，沒有立場可以拒絕，只能喝下此酒。過沒多久，弗栗多便醉到不省人事，因陀羅隨即現身，對著失去意識的弗栗多擲出拔哲羅，一舉制伏宿敵。

弗栗多與美女蘭姆芭的邂逅，以及利用美色促成這樁婚事，全都是因陀羅所使出的計謀。因陀羅雖然因此戰勝了弗栗多，但相傳他對使用卑鄙招數這件事感到羞愧不已。

因陀羅與弗栗多的一連串對戰，也曾被解讀為是自然現象的呈現。因陀羅代表雨和雷，弗栗多則是鎖住水氣的雲。除此之外，兩者的對立也反映出雅利安人將勢力擴展至北印度之際，與原住民之間劍拔弩張的關係。

伐樓拿

Varuṇa

別名　阿迪蒂普特拉（阿迪蒂之子）　阿穆布帕（水之王）

種族　阿修羅

神格　司法神

坐騎　7隻天鵝（後來為烏龜或摩伽羅）

佛教名　十二天．水天

等級下降的司法神

伐樓拿的地位原本與雷神因陀羅【↓P88】不相上下，乃阿修羅族的代表性神祇。他是監視一切事物，適時給予懲罰的司法之神。有些人會對其嚴厲的做法感到恐懼，但他也會寬宏大量地原諒反省之人。然而，伐樓拿所扮演的角色逐漸被其他神祇瓜分，同時地位也跟著下降。在佛教則成為水神、水天。

7隻天鵝

伐樓拿原本的坐騎為7隻天鵝，但隨著地位下降，坐騎也跟著起變化。後來成為水神後，相傳其坐騎有時是烏龜，有時則是海獸摩伽羅（Makara）。

契約神密特拉

在聖典《梨俱吠陀》中，讚歌數與伐樓拿並駕齊驅的契約之神。密特拉後來還演變成盟約的象徵，亦成為友愛守護神。

從嚴格的司法神變成三神分立的局面

有著4隻手臂，配戴寶石等首飾，帶著法螺顯得威風凜凜的伐樓拿，曾是位居頂端統領宇宙的存在。他俯瞰著世間所有事物，嚴格公正地做出裁決。有人對其嚴厲的作風感到恐懼，有人則感謝其醫治之恩，並廣獲大眾的尊敬。地位如此非凡的伐樓拿為何會被降格呢？這是因為，他的神格實在拓展得太寬，過於多元所致。

伐樓拿所執掌的眾多職務逐漸轉移到其他神祇身上，他也因而不再是位於頂點的存在。他所職掌的部分事務被分派給契約神密特拉、天理（rta）之神阿里耶門（Aryaman），此三神則平起平坐，沒有高低之分。

根據往世書文獻記載，伐樓拿為八大世界守護神之一。這8位神祇皆有負責看守的方位，伐樓拿則鎮守西方。關於他負責守護西方的原委也有故事傳世。某日，造物神梵天［↓P72］來到正在修行的財神俱毗羅［↓P146］跟前。俱毗羅央求梵天讓自己加入守護神的行列。梵天早已決定要選雷神因陀羅［↓P88］、伐樓拿、冥王閻摩〔↓P110〕作為守護神，再加上俱毗羅，剛好湊齊了4個方位。梵天隨後便將西方指派給伐樓拿負責。

以水神的身分鎮守西方

原本伐樓拿就與水有所關聯，彼此之間的連結則變得愈來愈深。在史詩《摩訶婆羅多》中可看到眾神建議伐樓拿將水列入守護項目的描寫。「如同因陀羅統領眾神般，伐樓拿則有能力支配水。無論是海還是川，相信所有的水都會聽命於你。」相傳伐樓拿被此言說動，繼而成為水神。

伐樓拿被納入佛教後，依然保有水神的身分，名為水天。與此同時，原本身為司法神的部分也一併被保留下來，而被奉為水神與司法之神。鎮守方位也未有變動，依然是西方。相傳伐樓拿發明了規避水難以及祈雨的咒術——水天法。

樓陀羅

Rudra

別名 布塔帕帝（惡鬼之王）

種族 阿修羅

持物 弓箭

神格 暴風神

具有破壞與慈悲2種面向的暴風神

被描繪成有著紅褐色肌膚，身材健壯，綻放著金黃光芒，以公豬為坐騎的樓陀羅。他被形容為破壞與暴風的象徵，但同時亦具有帶來恩澤的另一面。樓陀羅有時會因為其所引發的破壞行為而奪人性命，另一方面，他也是一位懂得用藥醫治病患的優秀藥師。因此緣由，相傳樓陀羅為東南亞季風的神格化，在颳起破壞暴風的同時亦降下甘霖，帶來濕潤的氣候令作物生長。他是吠陀時代（婆羅門教）的神祇，隸屬於阿修羅族。

關於樓陀羅的出生有好幾種說法。一說主張其父親為造物主波羅闍波提，母親為黎明女神烏莎斯〔↓P104〕，但往世書文獻則記載他是由造物神梵天〔↓P72〕

所生。梵天創造了四神，但他們對於繁衍子孫這件事態度消極。梵天對此感到氣憤，整個人被怒火包圍，全身變得通紅之時，從其憤懣難平的強烈意念中，誕下了散發著宛如太陽般耀眼光輝的樓陀羅。

此外，據另一則故事所述，梵天渴望擁有自己的孩子，接著在他的膝蓋上即出現了有著藍色臉孔的幼兒。幼兒大聲喊叫，表示想要有自己的名字，梵天遂為其取名為樓陀羅（吶喊、吼叫者）。

樓陀羅被認為是破壞神濕婆〔→P48〕的原型。在往世書文獻中則可見到濕婆表示樓陀羅乃自身之化身的記述。濕婆擁有舞蹈王的美稱，樓陀羅也同樣被視為歌唱與舞蹈之王。

據信弓箭是樓陀羅的一大法器，在近年的電玩遊戲等作品中，不只樓陀羅本尊被用來塑造人物角色，連弓箭都跟著粉墨登場。其中一例為線上遊戲《仙境傳說》，樓陀羅之弓則被設定為強力武器。

Rāhu
羅睺

別名 摩訶格拉哈（偉大的捕獲者）
賽因悉凱亞（辛悉迦之子）

種族 阿修羅

家族成員 父：毘婆羅吉提
母：辛悉迦

引發日蝕與月蝕的不死不滅阿修羅

羅睺雖然是阿修羅［→P124］，卻擁有不死之身。在攪乳海（創世神話）之際，獲得不死仙藥甘露的保護神毗濕奴［→P34］，將甘露廣分給其他神祇。此時，羅睺悄悄變身混進神祇的行列中。雖然他成功將甘露喝下肚，但變身手法略嫌粗糙，露出了尾巴，於是被太陽神蘇利耶［→P98］識破。蘇利耶和月神兼酒神的蘇摩［→P116］聯手壓制了羅睺。毗濕奴則對準行跡敗露的羅睺投擲善見神輪，砍下其首級。然而，喝下甘露的羅睺已成為不死之身，即便頭被砍落依然生龍活虎，首級與身軀分別彈往天空。羅睺就這樣身首異處，首級被稱為羅睺，身軀則被稱為計都（Ketu）。

未遭砍頭前的羅睺被描繪成有著4隻手臂與尾巴，端坐於8匹黑馬所拉曳的馬車上。羅睺與計都個別入畫時，羅睺只有頭顱乘坐於8匹黑馬所拉曳的馬車上，計都則是以無頭身軀乘坐於8匹紅馬所拉曳的馬車上。

因為蘇利耶與蘇摩而行跡敗露的羅睺，升空後對兩人的恨意依然不減。羅睺與計都因而追著月亮與太陽跑，伺機而動，一逮到空隙便狠咬著不放。此時月亮與太陽會被其遮蔽而失去光芒，因此日蝕與月蝕被認為是由羅睺與計都引發的。羅睺這個名稱具有「捕捉者」之意，這真可說是人如其名的復仇行為。

只不過，由於身首分離的緣故，無法順利將東西吞下肚，所以月亮與太陽短時間便會再度出現。也有人認為日蝕與月蝕之所以歷時不久就會結束，便是出自此原故。此外，儘管羅睺與計都是沒有實體的假想天體，卻對占星學帶來極大的影響。

Jalandhara
賈蘭達拉

種族 阿修羅
神格 濕婆的破壞欲

源自濕婆破壞欲的阿修羅

賈蘭達拉是破壞神濕婆〔↓P48〕所造出的長生不死阿修羅。然而，眾神卻不曉得賈蘭達拉乃出自濕婆之手，為此吃足了苦頭。

前來造訪濕婆的雷神因陀羅〔↓P88〕則成為促成賈蘭達拉問世的推手。某日，眾神齊聚於濕婆的神殿。濕婆為了盡東道之誼，便詢問眾神想實現什麼願望。於是，因陀羅回答：「我想要能與濕婆匹敵的強大破壞力。」因陀羅這份渴求強大神力的欲望，刺激了濕婆的破壞欲。當濕婆釋放出破壞欲時，賈蘭達拉便隨之誕生。

賈蘭達拉勢如破竹，銳不可當，沒多久便率領阿修羅軍團攻入眾神的據點。

眾神當然也是群起抵抗。神鳥迦樓羅〔→P160〕為了救治母親而將甘露帶走，卻不小心撒了出來，被甘露滴到的吉祥草（kuśa）遂具有不死不滅的性質，迦樓羅便使用吉祥草一邊治療受傷的神祇，一邊應戰。儘管如此，依舊無法阻擋賈蘭達拉的攻勢。接著，就連因陀羅和保護神毗濕奴〔→P34〕都招架不住。

束手無策的眾神遂向濕婆求助，濕婆則找上賈蘭達拉，使出自身的化身訶羅（Hara，意為破壞萬物者）之力來打倒賈蘭達拉。濕婆憑藉著這一戰，成功獲得眾神的信賴。

被賈蘭達拉打得落花流水的眾神們，透過一個小招數稍微報了一箭之仇。毗濕奴變身成賈蘭達拉，向其妻子薇琳達求歡。完全被蒙在鼓裡的薇琳達不疑有他，與毗濕奴發生了關係。相傳薇琳達後來得知被騙後，因大受打擊而驟然離世。

Yakṣa

夜叉

佛教名 八部眾・夜叉

誕自開天闢地初期的善良鬼神

誕自造物神梵天〔↓P72〕的惡靈夜叉，多半被描繪成近似人類的外型。他們在開天闢地沒多久後便來到世上。由於萬物尚未被創造出來，已出生的夜叉們總是飢腸轆轆。

飢餓的情況愈發嚴重，有些夜叉甚至意圖將立場形同父親的梵天吃下肚。梵天無法容忍這樣的行為，告誡他們不能為了自己活命而吃掉父親。相傳此時聽從梵天的規勸，變得安分的是夜叉。相對於此，聽不進這番話，依然執意要吃掉梵天，衝動火爆的一方，則成為以拉瓦納〔↓P182〕為代表的羅剎〔↓P182〕。懂得抑制欲望的夜叉後來被指派為財神俱毗羅〔↓P146〕的隨從。附帶一提，俱毗羅

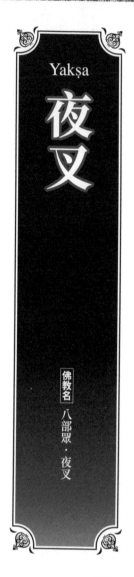

亦為夜叉，據信為一族之王。

女性夜叉則被稱為夜叉女（yakṣinī），乃肥沃大地與水的象徵，因而被當成豐穰之神崇拜。鬼子母神訶梨帝母〔→P150〕亦為夜叉女。此外，男性夜叉為植物與河川精靈，能促使作物豐收。相對於會對人類帶來危害的同胞羅剎，一般認為夜叉秉性善良，能為人們帶來財富。另外，有些地方會將夜叉當成地域守護神崇拜。

夜叉被納入佛教後則成為八部眾的夜叉族，被認為是佛法與信徒的守護者。夜叉身兼俱毗羅隨從的這個設定也沿襲至佛教的夜叉族，在佛教被視為等同於俱毗羅的毘沙門天，亦率領著夜叉族。此外，奈良縣東大寺金剛力士像是最具代表性的金剛力士形象，有一說主張，從其負責守護寺院這一點來看，應與夜叉有所關聯。

俱毗羅

Kuvera

別名　達納波提（財寶之主）
夜叉羅哲（夜叉王）

種族　夜叉
神格　財富與財寶之神
持物　錢包、棍棒
坐騎　普什帕卡戰車
佛教名　毘沙門天、多聞天

其貌不揚的人氣王

俱毗羅為財富與財寶之神，有著圓滾滾的大肚子，身材矮小，模樣看起來十分奇特。他還擁有「庫塔努（身材難看者）」的別名。在吠陀時代（婆羅門教）被視為夜叉、羅剎等邪惡存在的首領，後來成為財神，至今仍深受信仰。相傳當他搭乘普什帕卡戰車移動時，就會降下寶石雨。

毘沙門天、多聞天

俱毗羅在佛教被認為是毘沙門天。尤其是在日本會將毘沙門天畫成宛如武將般身穿鎧甲的造型，是一位與俱毗羅容貌差異甚大的武神與軍神。戰國武將上杉謙信篤信毘沙門天則是相當有名的故事。此外，毘沙門天亦為四大守護神——四天王的一員。他在四天王中被稱為多聞天，代表經常聆聽佛法之意。

歷經刻苦修行後終於晉升為神的苦心人

俱毗羅雖貴為財富與財寶之神，但相傳這個地位是靠著他自身的努力得來的。俱毗羅如同別名，乃夜叉之王，在吠陀時代（婆羅門教）被認為是邪惡的存在。歷經數千年的苦行後，終於獲得造物神梵天〔↓P72〕的認同，被授予了天神的地位與不死之身、充足的財富，以及能在天上飛的巨大座駕普什帕卡。搭著普什帕卡騰雲駕霧，令天空降下寶石雨的俱毗羅形象，只能說真不愧是財富的象徵。

然而，與俱毗羅相關的傳說並非都是這種出人頭地的成功故事。其實他也遭受過頗大的挫折。普什帕卡戰車後來被羅剎王拉瓦納〔↓P182〕奪走，而且甚至連位於蘭卡都城的據點都被搶走，俱毗羅只好將宮殿遷往岡仁波齊峰。因為這樣而以喜馬拉雅山脈中偏北的岡仁波齊峰作為領土的俱毗羅，在被納入佛教後，亦負責鎮守北方。

被當成財神、軍神信奉

俱毗羅在佛教被命名為毘沙門天。與俱毗羅相關的故事中雖然很少見到描寫戰鬥的情節，但毘沙門天卻被視為武神。相信大家應該看過毘沙門天手持寶塔與棍棒，身穿甲冑，腳踩邪鬼的模樣吧。在日本提到毘沙門天，就會令人聯想到七福神。據悉七福神的毘沙門天也是源自俱毗羅，許多民眾會向其祈求財富或許願。

毘沙門天身為四天王一員時，則被稱為多聞天。四天王分別是持國天、增長天、廣目天以及多聞天。據信這4位神祇分別守護4個方位，多聞天當然是負責鎮守北方。由於毘沙門天被視為武神，在日本自古以來便廣受武士們的信仰。尤其是活躍於戰國時代的武將上杉謙信，甚至認為自己是毘沙門天投胎轉世。上杉謙信的旗幟上標示著「毘」字，相傳這也是取自毘沙門天之名。

Hārītī

訶梨帝母

種族 夜叉

持物 吉祥果（抑或石榴）、嬰孩

佛教名 鬼子母神

切身體會失去孩子的痛苦而成為神

訶梨帝母為女性夜叉，亦即夜叉女。她與丈夫般支迦（Pāñcika）十分多產，子女成群。她悉心養育自己的骨肉，同時卻具有面目可憎的一面，會毫不留情地吃掉他人的孩子。後來聽從保護神毗濕奴的化身佛陀［↓P 43］的教誨，改過自新的訶梨帝母，成為安產和育兒的守護神而為人所信奉。

鬼子母神

訶梨帝母被納入佛教後的名字。她被視為懷孕、安產、育兒之神，直到現在依然深受信仰，大多以手持石榴（原為吉祥果）的模樣入畫。因為石榴的滋味與人肉相似，因而成為原本會吃人的訶梨帝母的心頭好，是相當有名的傳說，但研究者們則提出反駁，認為這根本就是無稽之談。結實纍纍的石榴據說亦是多產與繁盛的象徵。

為了養小孩而吃掉別人家的孩子

訶梨帝母的丈夫為深獲財神俱毗羅〔↓P146〕器重的部下，乃統領夜叉的大將般支迦。相傳訶梨帝母與般支迦生下了數百、數千，抑或超過一萬名的孩子。無論真實數目為何，可以確定的是兩人擁有非常多的孩子。訶梨帝母的悟道經過則成為佛教故事。

生了許多孩子的訶梨帝母，忙於分娩與育兒，必須補充大量的能量。因此她總是誘拐人類的小孩果腹，成為人人避之唯恐不及的存在。看不慣此等惡行的佛陀，遂從訶梨帝母的眾多孩子中帶走了她特別呵護的小兒子比安卡拉，將之藏了起來。

發現比安卡拉失蹤的訶梨帝母傷心欲絕，四處奔走，尋覓了七天七夜，卻還是找不到小兒子，在無計可施的情況下向佛陀尋求協助。面對悲傷難過的訶梨帝母，佛陀表示「即便是小孩成群的妳，丟失了1個孩子都如此心痛了。這下妳應該知道，當家中只有1名子女卻遭遇不測時，做父母的會有多傷心」。佛陀要一心想與比安卡拉重逢的梨訶帝母發誓，不再吃小孩並潛心向佛後，才將比安卡拉還給她。

體會到失去孩子的悲痛而成為守護神

承認自身以往的行為有錯，遵從佛陀教誨洗心革面的訶梨帝母，遂成為守護胎兒與孩童的鬼子母神。直到現在仍有許多家長敬拜，求其保佑孩子健康平安。訶梨帝母的模樣與食人妖怪的形象大相逕庭，一般被描繪成面目慈祥的美麗女性，經常一手抱著嬰兒，一手拿著吉祥果（在中國則是石榴果實）。

在電玩遊戲《真．女神轉生4》中，訶梨帝母（在遊戲內為地母神訶梨帝母）與小兒子比安卡拉雙雙登場。訶梨帝母會拜託玩家幫忙找出遭飢餓怪漢擄走的比安卡拉，與神話情節頗有異曲同工之妙。

Gandharva
乾闥婆

佛教名 八部眾・乾闥婆

奏出繞梁樂音的天庭樂師隊

據聞乾闥婆如獸類般體毛茂密，呈現出半神半獸的模樣。有時也會被描繪成上半身為人並且長著一雙翅膀，下半身為鳥的形態。有一說主張乾闥婆以嗅聞香氣為食，因此身體隨時散發著香味。

關於其身世則眾說紛紜，相傳是由仙人迦葉波（Kaśyapa）與妻子阿莉修妲所生，也有人主張是誕自造物神梵天〔→P72〕。一般認為乾闥婆為太陽、彩虹、雲朵、月亮的神格化，亦負責守護蘇摩酒。

相傳乾闥婆共有6333名，是在天界神殿演奏音樂供眾神欣賞的樂師隊，而且其中也有女性成員。此外，乾闥婆的妻子為水精靈阿帕莎拉（Apsara），會隨著乾闥婆的音樂翩然起舞。乾闥婆與阿帕莎拉被認為是結婚與懷孕的象徵。而且，根據未婚女性在結婚前會先成為乾闥婆、酒神蘇摩〔↓P116〕、火神阿耆尼〔↓P94〕之妻的這個傳說，乾闥婆也被認為是保護處女的神祇。

往世書文獻則留有乾闥婆與蛇摩族那伽〔↓P156〕交戰的故事。乾闥婆透過被稱為瑪烏涅亞（Mauneya）的6千萬大軍戰勝那伽，奪走了那伽的所有領土與財寶。那伽心有不甘，向保護神毗濕奴〔↓P34〕求救。毗濕奴則變身成一位名叫普魯庫察的人出手相助，一舉消滅了乾闥婆。

乾闥婆在佛教屬於八部眾之一，會跟隨著帝釋天，亦即雷神因陀羅〔↓P88〕在佛教的形態，演奏優美的音樂。乾闥婆住在凡間，有時會前往天庭為眾神們進行演奏。此外，乾闥婆在密教則被視為保護胎兒與孩童躲過妖魔傷害的守護神。

Nāga
那伽

佛教名　八部眾・龍

象徵死亡與再生的蛇族

那伽是外貌為蛇的半神種族，被描繪成有著蛇尾與人臉，脖子周圍如眼鏡蛇般膨起。那伽是從嫁給仙人迦葉波的卡卓（Kadrū）所產下的1千顆卵中誕生的。相傳住在地下世界帕塔拉（Pātāla）。他們身懷足以致對手於死地的劇毒，以及反覆脫皮，打不死的強韌生命力，因而被當成死亡與永恆再生的象徵，受到崇拜。

惡魔形象深植人心的那伽，雖然會與眾神為敵，但有時也會提供協助。在攪乳海（創世神話）之際，那伽便自告奮勇化身為攪拌棒。而且，他們對人類也十分友善，其中更不乏與人類相戀的故事。

那伽與神鳥迦樓羅[→P160]為敵對關係。因為那伽欺騙了迦樓羅的母親薇娜塔（Vinatā），使其淪為奴隸。迦樓羅要求那伽釋放母親，那伽則開出條件，要迦樓羅帶來仙藥甘露換人。迦樓羅雖把甘露帶了出來，但在那伽飲用前便被雷神因陀羅[→P88]攔截。依舊無法死心的那伽，決定死馬當活馬醫，舔遍了被甘露潑到的吉祥草。那伽的舌頭因而被銳利的吉祥草割成兩半。相傳這就是蛇的舌頭之所以分叉的由來。

那伽族的能力也有優劣之分，實力特別強大者被稱為「那伽羅哲（蛇王）」或「摩訶那伽（大蛇）」。據說這些戰力超群的那伽族，在舔拭迦樓羅用來置放甘露的吉祥草時，因捕捉到甘露的水滴而獲得不死能力。

那伽被納入佛教後成為帶來雨水的八部眾之龍。此外，相傳龍在釋迦誕生之際，為其注入了沐浴用的清水。

Mucalinda

目真鄰陀

種族　那伽
神格　那伽羅哲

挺身為佛陀擋風遮雨的那伽

目真鄰陀出身自蛇魔族那伽，據悉屬於能力特別強大的那伽羅哲（那伽族之王）。相傳他在遇到保護神毗濕奴的化身佛陀〔→P43〕後，成為信徒。以下這則傳說是相當有名的佛教故事。

某日，佛陀在一棵位於池塘附近的菩提樹下打坐。住在這座池子裡的目真鄰陀，一見到打坐中的佛陀時，立刻察覺到這是無比尊貴的人物，並決定從旁予以守護。後來天氣驟變，狂風暴雨，目真鄰陀便以自己的身軀環繞在佛陀四周，頭則像傘般張開，從佛陀頭部上方罩住其全身。接著誠心祈禱「無論寒暑、無論是暴風雨甚至是小蟲子，都不要打擾到這位尊貴的人士」。目真鄰陀就這樣整整守護了佛陀7天的時間。

在暴風雨過後，天空放晴時，目真鄰陀便鬆開了為佛陀擋風遮雨的身軀，接著變成年輕人類，崇敬佛陀。佛陀也很感謝目真鄰陀的付出，目真鄰陀就這樣開始信仰佛陀。而佛陀則透過此番修行悟得真理，為了向人們宣揚「不對有生命之物發怒，仔細聆聽教誨，遠離欲望方能獲得心靈的平靜」這項道理，而啟程前往各地布道。

在許多佛陀像或圖畫中都可見到目真鄰陀守護佛陀的模樣。其中在東南亞特別受到重視、最常見的佛像則是，佛陀端坐於目真鄰陀蜷縮成團的身軀上，而其蛇頭守護在佛陀背後的姿態。目真鄰陀幾乎都被描繪成多頭蛇，至於數量則為5頭或7頭不等，也有只畫出1顆宛如眼鏡蛇般巨大頭顱的版本。

迦樓羅

Garuḍa

別名　迦樓羅曼（鳥王）
薩爾帕拉帝（蛇敵）

神格　毗濕奴坐騎

家族成員　父：迦葉波
母：薇娜塔
兄：阿羅納

佛教名　八部眾・迦樓羅

如同太陽般閃閃發光的聖鳥

迦樓羅乃毗濕奴的坐騎，負責載著毗濕奴於空中飛翔，並被喻為聖鳥。相傳他有著人類的身體，但頭、嘴、爪與翅膀皆為鷲。他的那雙紅色翅膀與金黃色身體在一出生後便即刻綻放出強烈的光芒，令眾神大感驚訝。迦樓羅廣受崇拜，亦被描繪於泰國與印尼的國徽上。

八部眾・迦樓羅

印度神話的迦樓羅是佛教八部眾之一的迦樓羅前身。佛教認為毒蛇是必須加以克服的煩惱之象徵，因而將蛇魔族那伽［→P156］的天敵——迦樓羅納入佛教，迦樓羅遂被當成會為人們吃掉煩惱的神祇崇拜。

命運大不同的那伽與迦樓羅之母

造物主波羅闍波提之一的達剎育有2名女兒，名叫卡卓與薇娜塔。兩人皆嫁給雷神因陀羅〔→P88〕之父——仙人迦葉波，但姊妹感情不睦。卡卓產下了1千顆卵，薇娜塔則盼望能擁有2名優秀的孩子而產下2顆卵。

眼看蛇魔族那伽接連從卡卓所產下的卵中誕生，這廂卻毫無動靜而令薇娜塔感到焦急，直接動手打破1顆卵。而從這顆卵中誕生的則是身體尚未發育完全的阿羅納（Aruṇa）。被迫早產，發育不全的阿羅納十分憎恨母親，因而詛咒她淪為奴隸。

某天這對姊妹以攪乳海（創世神話）中誕生的神馬高耳（Uchchaihshravas）是什麼顏色來打賭，並說好輸的一方必須當獲勝者的奴隸。卡卓表示神馬有著黑色的尾巴，薇娜塔則主張神馬全身上下皆為白色。絕對不想輸的卡卓遂命令那伽們作弊。那伽們將神馬的身體染成黑色，並將馬尾纏繞成團狀，營造出黑色的假象。實際上正如薇娜塔所言，高耳是匹白馬，但這場賭注卻由卡卓獲勝。

後來，迦樓羅終於從薇娜塔所產下的另一顆卵誕生。自行破卵而出的迦樓羅，甫出生立即變得相當巨大，綻放著強烈的光芒。充滿威嚴的神聖模樣甚至令一些神祇將其誤認為火神阿耆尼〔→P94〕。迦樓羅立刻飛往母親身邊，映入眼簾的卻是母親薇娜塔被那伽當作奴隸使喚的景象。迦樓羅對使詐逼母親為奴的那伽感到無比痛恨，一心只想救出母親。於是，他懇求那伽們釋放母親，那伽們則開出條件要他將不死仙藥甘露帶來才放人。迦樓羅為了母親只好飛往保管著甘露的天界。

在偷藥過程中成為毗濕奴的坐騎

眾神得知迦樓羅企圖帶走甘露後，便合力防守並對其發動攻擊。然而，迦樓羅卻輕輕鬆鬆便將眾神撂倒。對迦樓羅所向無敵的戰力感到欽佩的毗濕奴，主動出擊表示願意助其實現心願，條件則是必須成為自己的坐騎。迦樓羅答應這項提議，並說出無須飲用甘露便能獲得不死能力的心願。毗濕奴依約賜給迦樓羅不死之身，他就這樣成為毗濕奴的坐騎。

眾神設下重重關卡嚴加保管甘露。然而，迦樓羅喝乾河水後滅了火焰牆、將身體縮小以便穿過會將竊賊切成兩半的旋轉鐵盤，成功擺脫所有追兵與機關，終於將甘露拿到手。

迦樓羅正準備趕去救母時，這次則換因陀羅現身。因陀羅使出拔哲羅（金剛杵）令雷電大作，迦樓羅卻絲毫不受到影響，反而自行拔落1根羽毛向因陀羅表達敬意。被此舉感動的因陀羅希望能與迦樓羅做朋友。迦樓羅也爽快答應，彼此約定要當永遠的朋友。

迦樓羅為人誠懇，不會因為能力出眾而趾高氣揚，他老實告訴新朋友因陀羅，自己擁有強大的本領，只須用1根羽毛就能撐起全宇宙。因陀羅也心悅誠服地認同迦樓羅的本事。迦樓羅聽從因陀羅身為友人的請託，答應在那伽釋放母親後歸還甘露。與此同時，他亦拜託因陀羅，自己想將恨之入骨的蛇當作日常食物。

戰勝邪惡，以聖鳥之姿成為美德的象徵

回去找那伽要人的迦樓羅，將甘露放在吉祥草上；接著鼓吹那伽在飲用甘露之前，應該沐浴淨身。那伽大喜，釋放了其母薇娜塔。在那伽沐浴之際，因陀羅依約現身，奪回了甘露。作弊欺騙薇娜塔的那伽，這次則上了迦樓羅的當。在這之後，迦樓羅便以蛇作為食物，與母親過著安穩的生活。打敗了那伽的迦樓羅被視為嫉惡如仇的神祇，成為社會規範與美德的象徵而受到崇拜。

以迦樓羅為參考所設計而成的角色人物，則以動畫《超電磁機器人孔巴德拉V》中的大將軍迦樓羅最為有名。大將軍迦樓羅為美男子，卻能變身成有著一雙紅翅膀的鳥人，而且也相當孝順母親。

描繪羅剎王拉瓦納擄走史詩《羅摩衍那》主人公羅摩之妻希妲的場景。畫面右邊的禿鷹為聖鳥迦樓羅的化身賈塔尤（取自《印度．波斯神話與傳說》興趣教育普及會，日本國立國會圖書館藏）

第5章 史詩

羅摩

Rāma

別名　羅摩昌德拉
大力羅摩（擁有強大力量的羅摩）

神格　毗濕奴的第七化身
持物　因陀羅之弓、神箭

英勇善戰的毗濕奴第七化身

羅摩是史詩《羅摩衍那》的主角，據信是由保護神毗濕奴〔↓P34〕化身而成的勇者。他出生成為膝下無子的拘薩羅國十車王的兒子，擊敗了暴虐無道的羅剎王拉瓦納〔↓P182〕。羅摩被描寫成勇敢又貫徹正義的英雄人物，卻苦惱於與妻子間的感情和猜疑。羅摩在印度則是人氣極高的國民英雄。

持斧羅摩〔→P34〕

與羅摩同時期顯現的毗濕奴第六化身。為了從剎帝利（王侯、武士階級）手中守護婆羅門（祭司階級）與人類，出生成為迦摩陀迦尼的第五個兒子。持斧羅摩除了痛恨殘忍殺害迦摩陀迦尼的卡塔維里亞（Kārtavīrya）王外，亦對男性剎帝利深惡痛絕，相傳他以斧頭（Parashu）消滅了世上所有的男性剎帝利。他也曾與羅摩一決高下，最終由羅摩獲勝。

武功高強的正義王子

羅摩是為了打倒羅剎王拉瓦納〔↓P182〕而降生的毗濕奴化身。身為凡人的羅摩沒有當神時的記憶，在孩提時代還曾天真地要父親「把月亮摘下來」，與普通孩童無異。

長大後的羅摩成為能文能武的英氣煥發青年。當時曾有仙人拜託羅摩制伏霸佔了森林的惡魔，羅摩不顧父親擔心，親自出馬應戰，成功降魔。喜出望外的聖人們遂贈予羅摩收藏著眾神之箭的風神箭筒、強力矛槍等多項武器和法術。羅摩後來參加了絕世美女希妲〔↓P180〕的選婿大會，在一票王子中，唯獨其有辦法拉動破壞神濕婆〔↓P48〕的神弓，因而抱得美人歸。

後來因為遭到算計，被迫流離在外14年，而且還發生了愛妻希妲遭拉瓦納擄走的意外。羅摩借助同父異母之弟羅什曼那與猿猴勇士哈奴曼之力，攻入敵人的大本營蘭卡島，與拉瓦納捉對廝殺，最終將之擊潰，一舉達成奪回妻子的目的與毗濕奴的夙願。

對妻子產生愛恨交織的矛盾情緒

與愛妻重逢的羅摩所展現出來的反應卻相當出人意表。由於希妲長期被關在拉瓦納的後宮，羅摩不禁懷疑妻子或許已失去貞節。羅摩雖一度選擇相信泣訴自身清白的希妲，但還是忍不住懷疑而再度對妻子發難，直到兩人分離之際都還無法徹底相信希妲。

以傳說中的英雄和歷史上的偉人對戰的人氣電玩遊戲《Fate》系列，則有以羅摩為原型的角色人物登場。遊戲中設定他因為遭到詛咒而絕對無法與愛妻希妲重逢。像遊戲這樣無法相見而心心念念，或是像原著那樣見了面卻因誤解猜疑而失去這份愛，究竟何者比較不幸呢？只能說人的愛恨情仇著實複雜難懂。

也有人主張懷疑妻子不潔的橋段是由後世之人加上去的。據悉印度獨立之父甘地在與世長辭之際，最後說的一句話是「噢，羅摩啊」，由此可知，羅摩的確是印度人民所尊崇的大英雄。

羅什曼那

Lakṣmaṇa

神格 擁有毗濕奴八分之一神性

家族成員 父：十車王
兄：羅摩

敬愛兄長羅摩，挺身助其打倒強敵

羅什曼那是追隨哥哥羅摩〔→P168〕，並肩作戰出生入死的驍勇弟弟。他與哥哥一樣都是帶著保護神毗濕奴〔→P34〕的神性出世。這段情節則附屬於羅摩降生的故事裡。毗濕奴現身於因後繼無人而求神賜子的十車王跟前，並賜予其神酒。喝下半杯神酒的大夫人生下毗濕奴的化身，亦即長子羅摩；二夫人產下帶有四分之一神性的婆羅多；三夫人則誕下各具有八分之一神性的羅什曼那與設睹盧祇那（Śatrughna）。

或許是受到出生由來的影響，這對兄弟的感情非常好，羅什曼那甚至跟著羅摩度過14年的流放生活，保護著大嫂希妲〔→P180〕。然而，依然防不了羅剎王拉瓦納〔→P182〕所使出的詭計，使得希妲被擄走。羅什曼那安撫情緒失控到甚至不惜摧毀世界的兄長羅摩，拚盡全力要奪回希妲。在他們攻入敵人的據點蘭卡島之際，羅什曼那打頭陣領軍，卻遇到拉瓦納的兒子因陀羅耆特（Indrajit）這名強敵。

因陀羅耆特施法放出隱形箭，令羅摩軍亂了陣腳。位於最前方的羅什曼那因而中箭倒下。此時拯救羅什曼那脫離險境的則是猿猴勇士哈奴曼〔→P174〕。他只花了一晚的時間就飛到喜馬拉雅山脈，抬起了長著藥草的整座山頂，並將其搬到羅什曼那處，使他恢復生氣。

因陀羅耆特再度使出法術，在羅摩軍前變出希妲的幻影，而且還將其斬首，營造出死亡的假象。羅摩目睹此景大受打擊，戰意全失。不過，拉瓦納的弟弟維毗沙那（Vibhīṣaṇa）卻倒戈幫助羅摩軍，在他的通風報信下，羅什曼那突襲了正作法準備施出下一個法術的因陀羅耆特。接著雙方舞劍展開一對一的廝殺，最後由羅什曼那打敗因陀羅耆特。

Hanumān
哈奴曼

別名 莫爾托普特拉（風神之子）
蘭卡達辛（燒掉蘭卡者）

種族 瓦納拉（猴族）

家族成員 父：風神伐由（風神帕帆那）

大顯身手協助羅摩的猿猴英雄

哈奴曼是史詩《羅摩衍那》中的猿猴勇士，特徵為看不見盡頭的長尾巴及通紅的面容。在主角羅摩[↓P168]營救妻子希妲[↓P180]的過程中，他不但找到了希妲，還取來遠在天邊的藥草拯救了夥伴的性命等，有許多鋒頭更勝主角的精彩情節。哈奴曼的傳說亦從印度傳入東南亞，擁有極高的知名度。

孫悟空

中國古典名著《西遊記》中的美猴王，在東南亞則被稱為齊天大聖，受到民眾信仰。他成為前往天竺取經的三藏法師弟子，一路相隨，擔任護衛。孫悟空金黃色的肌膚與通紅的面容、頎長的尾巴等許多特徵皆與哈奴曼相似，因此有一說認為哈奴曼的故事傳入中國後，成為孫悟空的原型。

矢志效忠羅摩的神猿擁有一身好本領

高風亮節、多才多藝的猿猴勇士哈奴曼，在《羅摩衍那》中無比活躍，乃印度的超人氣英雄。據信他是風神伐由〔→P106〕之子，抑或伐由投胎轉世而成，因此能在空中飛翔。哈奴曼能隨心所欲地變換身體尺寸，小如松鼠，大則如山。他可說是《羅摩衍那》中技壓群雄的角色。

哈奴曼使出渾身解數，大顯身手的情節，各個都是經典橋段。例如，為了找出被羅剎王拉瓦納〔→P182〕擄走的希妲所在處，哈奴曼變身為小動物潛入敵人的大本營蘭卡島。他尾隨著拉瓦納，找到希妲，看到希妲置身於險惡的監禁環境下，不禁潸然落淚，對希妲保證一定會盡快來救她。其他像是，哈奴曼在蘭卡島遭敵人生擒，尾巴被點火，他遂變身成巨無霸大顯神威等等。哈奴曼歷經一番奮戰後，終於回到羅摩陣營向其報告希妲平安無事的消息，羅摩表示要予以獎勵，哈奴曼則誠摯地婉拒「能為你效力就是我最大的獎勵，世上沒有比這更光榮的事了」。

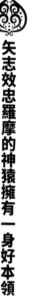

整座山搬著走?!驚天動地的神救援！

在哈努曼的奔走下查明希妲所在處的羅摩與猿猴軍團，朝著蘭卡島進軍，揭開與拉瓦納軍決一死戰的序幕。首先迎戰羅摩軍的是拉瓦納的兒子因陀羅耆特。因陀羅耆特這個名字的意思為打敗因陀羅者，他也人如其名是個相當難纏的對手。

因陀羅耆特使出法術將自己隱形、讓大量箭矢從空中落下，把羅摩軍搞得人仰馬翻。羅摩同父異母之弟羅什曼那〔↓P172〕因而中箭，性命垂危。唯有在天亮前取來生長於喜馬拉雅山脈的岡仁波齊峰藥草，才能救其一命。他們所處的蘭卡島據信為現在的錫蘭島（Ceylon，斯里蘭卡）當時已入夜，要在一個晚上往返喜馬拉雅山脈與蘭卡島，簡直是不可能的任務。

儘管如此，哈奴曼仍下定決心前往岡仁波齊峰。他飛翔在空中的同時，發出了如雷鳴般的吼叫聲，一心不亂地朝著喜馬拉雅山脈而去。要是稍有耽擱，羅什曼那就會性命不保，哈奴曼不斷對自己喊話，根本沒有心思去想眼下飛逝的景色與夜空有多美好，只是拚命趕路。

好不容易抵達岡仁波齊峰，哈奴曼卻分不出哪些才是藥草，一說則稱藥草被藏了起來，總之就是無法辨識，他乾脆將整座山頂搬著走。巨大的哈奴曼扛著一座山飛翔在空中的情節，乃故事的高潮，是畫作、影像與舞台作品，必定不會錯過的經典場面。哈奴曼總算順利帶回藥草，成功救了羅什曼那一命。

古今皆通，歷久不衰的英雄形象

《羅摩衍那》中的哈奴曼，總是扮演著為他人奔走的角色，是一位不求回報，熱心助人的英雄。或許是因為這樣的人設打動人心，哈奴曼的人氣甚至從印度擴展至東南亞。

哈奴曼的傳說在印度不分男女老幼，人人皆知，至今仍有奉祀哈奴曼的寺廟或神殿。每年三到四月的制檀邏（Chaitra）月，也會盛大舉辦名為「Hanuman Jayanti」的哈奴曼誕辰祭典。在印度以外的地區，像是柬埔寨與印尼的遺址，可看到留有哈奴曼的雕版畫；在人偶劇與舞蹈等傳統表演藝術方面，也有觀察到以哈奴曼為發想的各式創意。

此外，關於《西遊記》的孫悟空原型，儘管流傳著許多說法，但有一說認為是參考哈奴曼而來的。不光只有猴子這項設定，師事三藏法師、成為其護衛，與羅摩和哈奴曼的主從關係十分相似。哈奴曼似乎以猿猴英雄始祖之姿，對亞洲形成了無遠弗屆的影響。

借用孫悟空之名的日本漫畫《七龍珠》主角孫悟空，早期會在滿月的夜晚變得巨大，戰力暴增。而這個設定與被放火燒尾巴，接著變成巨無霸來教訓敵手的哈奴曼可說是頗有異曲同工之妙。為了夥伴徹夜在空中飛翔的情節，不禁令人聯想到悟空前往搭救夥伴的橋段。哈奴曼耿直單純，勇往直前的氣魄，仍延續至現代的英雄形象上。

希妲

Sītā

別名 昔彌迦（誕自大地的女子）
帕爾蒂瓦（大地之女）

種族 人類

家族成員 父：遮那竭
夫：羅摩

捍衛貞操，冰清玉潔又美麗的形象乃印度女性的憧憬

史詩《羅摩衍那》也被稱作是體現印度道德理想的故事，據說直到現代，印度民眾仍會希望兒子能成長為如羅摩〔→P168〕般的勇者，女兒則期盼能像清純又美麗的希妲那樣。被視為賢妻的希妲有多忠貞不二，從以下2則故事便可略知一二。

第一則發生於希妲被羅剎王拉瓦納〔→P182〕擄走後。被希妲的美色迷得神魂顛倒的拉瓦納，打算將其佔為己有。希妲則斬釘截鐵地表示，世上沒有任何男人比得過羅摩，堅決不讓拉瓦納碰她一根寒毛。拉瓦納出言威脅「要是不聽話我就把妳吃了」，希妲仍不為所動，捍衛貞潔到底。

第二則發生於羅摩打敗拉瓦納後。羅摩因為希妲被拉瓦納監禁了很長一段時間，而懷疑其貞潔，希妲為了證明自身的清白，竟縱身往火裡一跳，做出視死如歸的行為。可能是她的決心感動了神祇，火神阿耆尼〔↓P94〕於焉現身，說出「希妲確實守住貞操」的證言，看到從火裡被救出卻毫髮無傷的希妲，羅摩也只能選擇相信。

然而，在《羅摩衍那》最終章，因民眾之間傳出懷疑希妲貞潔的聲浪，羅摩不得不將身懷六甲的希妲流放外地。在森林產下雙胞胎的希妲又被羅摩要求證明自身的清白。希妲表示「若我是清白的話，相信大地女神應該會接受這副軀殼吧」，接著地面倏地裂開，大地女神現身，抱著希妲消失於地底。

有一說認為希妲是毗濕奴之妻拉克希米〔↓P44〕的化身，相傳她是在田隴出生的，因此緣故又被稱為阿優妮迦（非誕自母胎的女性）。由宮崎駿執導的吉卜力電影《天空之城》的女主角名字，據悉便是取自希妲之名。

Rāvaṇa

拉瓦納

種族 羅剎

家族成員 父：普羅斯底耶
子：因陀羅耆特

獲得凌駕眾神之法力的殘暴魔王

拉瓦納是在史詩《羅摩衍那》中，擄走羅摩之妻希妲的羅剎王。父親（抑或祖父）普羅斯底耶為造物神梵天[↓P72]族譜中的一員，弟弟是巨人昆巴卡爾納、妹妹為魔女舒爾波娜伽。拉瓦納有10顆頭與20隻手臂，模樣駭人，因梵天加持，擁有神也殺不死的特性，因而暴虐無道，終被羅摩擊潰。

羅剎（Rākṣasa）

相傳生性邪惡，有的甚至會吃人的邪鬼、惡魔。在佛典中則根據讀音寫成羅剎。關於其出生由來，有一說主張是從梵天雙腳誕生的，也有人說是為了守護梵天而誕生。過去曾流傳羅剎會吃新生兒的傳言，令人聞之色變。

賈塔尤（Jatayu）

據信為神鳥迦樓羅［→P160］之子的禿鷹。曾阻撓拉瓦納擄走希妲。

歷經長達千年的苦行，成為最強的魔王

拉瓦納為居住於蘭卡島，生性殘暴的羅剎族之王。他有10顆頭與20隻手臂，不只外表看起來驚悚，執念還很深，為了變強大而進行激烈苦行。

拉瓦納出生於梵天直系子孫的普羅斯底耶（Pulastya）一族，相傳所有的羅剎都是由普羅斯底耶所生。手足則有半年才會醒來一次的巨人昆巴卡爾納（Kumbhakarna）等，各個都是怪物或妖魔。然而，兄長瓦伊修拉瓦納（Vaiśravaṇa，財神俱毗羅〔→P146〕的別名），佛教名為毘沙門天，卻是治理蘭卡島的天神。想要像兄長擁有高貴身分的拉瓦納遂產生競爭心態，發憤完成千年來只以單腳站立的苦行；千年後則換成將頭砍下放入火中燃燒的修行。見到拉瓦納這番激烈苦行的梵天驚嘆不已，決定為其實現心願。

拉瓦納提出了確保自己今後不會敗給任何種族的心願。梵天成全此願望，助拉瓦納成為不會栽在眾神手上的魔王。接下來拉瓦納從神界奪走了宛如天鵝般能奔馳於天際的戰車普什帕卡，開始變得殘虐無道，最終驅逐了哥哥瓦伊修拉瓦

納，成為蘭卡島之王。

逃不過色字頭上一把刀的宿命？

拉瓦納所提出的心願幾乎涵括了所有種族，天神與羅剎等都奈何不了他。由於他瞧不起凡人，以及血緣與人類相近的猿猴，所以這兩大族群並不包含在名單內。而這改寫了拉瓦納的命運，使其在日後死於降生為凡人的保護神毗濕奴的化身羅摩〔→P168〕手上。

拉瓦納也曾被預言，會因為女性而惹來殺身之禍。他從前強暴了已婚的天女，而遭到詛咒，若以後敢再霸王硬上弓，頭顱將會裂開。於是有一說指稱，就是因為這樣拉瓦納才不敢強行與羅摩的妻子希妲〔→P180〕發生關係。他也如預言所示般，被前來奪回希妲的羅摩擊倒。這則故事或許是想告訴世人，即便進行了千年的苦行也無法違抗宿命也說不定。

Vyāsa

毗耶娑

（又譯：廣博仙人）

種族 仙人

家族成員 父：破滅仙人
母：貞信

《摩訶婆羅多》主要角色群的遠祖

據信為史詩《摩訶婆羅多》作者的毗耶娑是一位仙人，相傳亦是吠陀與往世書的編纂者。毗耶娑一詞原本就意為編纂、編者，《摩訶婆羅多》即是從毗耶娑的傳說發展開來的，因此與現代所謂的「作者」定義可說是有點不同。

毗耶娑的父親為破滅仙人波羅奢羅（Parāśara），母親則是個美女，名為貞信（Satyavatī，音譯薩蒂亞瓦緹）。破滅仙人在貞信生下毗耶娑後，為了賜福予她而令其恢復處女身，並離她而去。在這之後貞信與俱盧國的福身王（śāmtanu）結為連理。福身王與前妻之間育有長子毗濕摩〔→P206〕，但當初貞信的父親允諾這門婚事時，開出了必須令貞信之子繼承王位的條件，令福身王很是苦惱。得知父親十分為難的毗濕摩決定讓出王位，發誓終生不婚，以免日後親人之間又為了王位上演爭奪戰。

貞信與福身王生下2個兒子，一個早夭，另一個兒子為王位繼承人奇武（Vicitravīrya）。奇武王娶了2個妻子，名為安必迦（Ambikā）與安波利迦（Ambalikā），但他卻在尚未誕下子嗣的情況下離世。擔心家族會從此斷後的貞信，為了讓2個守寡的媳婦生下孩子，遂找來親骨肉毗耶娑，強迫她們與毗耶娑成婚。毗耶娑其貌不揚，渾身散發惡臭，安必迦在與其交媾時，全程閉眼忍耐，生下來的王子持國因而失明。安波利迦則是只要毗耶娑靠近就會嚇得一臉慘白，因此生下來的王子般度亦為面容蒼白。這2名王子生下為數眾多的勇士，後來引發了同族操戈的大戰。

阿周那

Arjuna

別名 阿因陀利（因陀羅之子）
甘狄拔達努邦（持有神弓甘狄拔者）

神格 因陀羅兒子

家族成員 父：般度
兄弟：堅戰等四人

個性堅強心思細膩的大英雄

阿周那是在庫盧謝特拉大戰擊敗無數強敵，帶領般度軍贏得勝利的大英雄。他在《薄伽梵歌》中以主角之姿，再三對保護神毗濕奴的化身克里希納〔→P192〕提問，從戰爭的意義到身而為人的本分，扮演著傾吐各種疑問的角色。阿周那是神射手，卻有著纖細脆弱的一面，是很人性化的英雄。

神弓甘狄拔（Gāṇḍīva）

相傳原本由造物神梵天〔→P72〕打造而成，從酒神蘇摩〔→P116〕傳給司法神伐樓拿〔→P134〕、火神阿耆尼〔→P94〕，最後才傳到阿周那手上，是把大有來頭的武器。

不會變空的箭筒

來歷如同上述般，相傳由阿耆尼授予阿周那2個箭筒。

由4匹白馬拉曳的戰車

這台飛天戰車也是由阿耆尼授予的。車上掛著繡有猿猴圖騰的旗幟，機動性絕佳。

流放與冒險犯難的生活造就了日後的大英雄

第三任俱盧國王般度所生的5名王子皆具有神力，五王子中武藝特別高強的三王子阿周那，受到雷神因陀羅〔→P88〕的加持，身懷與因陀羅同等的神力出生。而他正是與克里希納聯手用箭擊潰敵軍名將的般度軍王牌。

儘管出身王族，阿周那與兄弟們卻在外度過20餘年的流放生活，並曾幾度冒險犯難。某日，火神阿耆尼〔→P94〕火燒森林，欲藉此來恢復自身下降的神力。由於遭到他者妨礙，阿耆尼便請阿周那與克里希納出手相助，並將神箭甘狄拔與絕對不會變空的箭筒，以及白馬戰車授予阿周那。這些冒險犯難的經驗在日後對阿周那產生莫大的幫助。

阿周那出神入化的射箭功力，令他獲得成為美女德羅波蒂（Draupadi）丈夫的權利。德羅波蒂因而成為五王子共同的妻子。阿周那還另娶克里希納美麗的妹妹妙賢（Subhadra）為妻，生下兒子激昂（Abhimanyu）。遺憾的是，激昂在大戰中死於非命，由其兒子繼絕（Parikshit）繼承王位。

阿周那與克里希納坦誠相待的友情

克里希納對阿周那而言乃生命中不可或缺的人物。相傳他不僅是阿周那精神層面上的導師，在戰場上更是駕馭戰車載著阿周那作戰，齊心抗敵的好幫手。在《薄伽梵歌》中，有一章描述克里希納在阿周那的央求下，顯現出至高神之姿，亦即展露一切相。克里希納說著「我是令世界滅亡的死神」，一一召喚出外貌詭異的神、散發著聖潔光輝的神等，容納於法力無邊的保護神毗濕奴〔↓P34〕本體內的所有事物。這篇故事旨在闡述身為造物主的克里希納包含了世間萬物，而且超越所有的一切。

在電玩遊戲《Fate》系列中的阿周那，還具有名為克里希納（黑色之意）的另一個人格。包含了善惡兩面性的人物形象，的確貼合了在原著中目睹克里希納一切相的阿周那特色。

克里希納

Kṛṣṇa

別名 戈巴盧（牧童）

神格 毗濕奴第八化身

持物 環刃

最受到印度教徒喜愛的信愛之神

克里希納在史詩《摩訶婆羅多》中為開導英雄阿周那［↓P188］的關鍵，乃保護神毗濕奴［↓P34］的第八化身。他有著棕色肌膚、長相俊美，深受女性歡迎。在信仰方面則以巴克諦（Bhakti，信愛）思想為主軸，倡導不拘形式與身分，只管信神、愛神的觀念。是最為受到民眾喜愛，慈悲為懷的巨星。

大黑天

克里希納的名字為「黑色」之意，因此也被稱為「黑天」，據悉這也對密教大黑天的命名產生影響。然而，大黑天為破壞神濕婆［→P48］別名，意即摩訶迦羅的漢譯。摩訶為偉大、迦羅為黑、漆黑之意，摩訶迦羅執掌戰鬥、財富、冥府這三大項目，尤其財富更被視為濕婆的化身。

印度國民熱愛的克里希納傳說是什麼樣的故事？

克里希納的生平可見於《摩訶婆羅多》等作品中，每個階段的故事皆相當精彩豐富。首先為讀者們介紹其出生經過。

暴君康薩（Kamsa）聽聞預言指出，自己將被雅度族（Yadava）的瓦蘇德瓦（Vasudeva）與妻子提婆吉（Devakī）所生的第八個孩子所殺，因而監禁這對夫妻，接連殺掉他們所生下的孩子。在第八個孩子出生時，毗濕奴現身，命令夫妻倆瞞騙康薩將孩子掉包。

康薩在得知預言中的孩子被掉包後，派出女惡魔普塔娜（Pūtanā）追殺他。普塔娜原本打算用餵毒奶的方式，殺害在牧牛村偽裝成養牛人難陀與妻子雅淑達（Yashoda）之子的克里希納；但克里希納畢竟是毗濕奴的化身，自然具有神通能力，在吸吮毒奶的同時，也把普塔娜榨乾，使其喪命。

克里希納就這樣在牧牛村平安順利地成長。在幼兒時期會偷吃雅淑達自製的奶油，有著調皮搗蛋的一面。長大後也會惡作劇，拿走全裸沐浴中的牧牛女們的衣物，令大夥不知所措。不過牧牛女們被俊美的克里希納迷得團團轉，不僅不生氣，反而還覺得歡喜。

這種俏皮淘氣的性格，據說也是克里希納受歡迎的原因之一。在繪畫等創作中，克里希納往往被描繪成無比俊帥的美男子；而娶了1萬6千名牧牛女為妻的故事，以及與情人拉妲之間的愛情故事等據說也很有人氣。

充滿英雄色彩的少年～青年時期

某次克里希納打斷了崇敬雷神因陀羅〔→P88〕的祭儀，勃然大怒的因陀羅遂降下大雨作為懲罰。沒想到，克里希納竟然抬起牛增山（Govardhana），讓民眾與家畜在山下避難，因陀羅反而對其產生了敬畏之意。其他還有，被破壞神濕婆〔→P48〕的火焰燒死的愛神伽摩〔→P84〕，轉世成為克里希納與妻子魯克彌妮所生的孩子普拉杜姆納，並打倒魔族降巴拉的故事。

有一說主張，克里希納可能是實際存在的宗教領袖神格化。此主張還指出，之所以會看到許多彷彿要將克里希納推上至高神地位般，強調其比以往任何神靈都還更加護國佑民的故事，可能是印度教企圖將新興宗教勢力納入旗下的一種手法。

再將焦點轉回克里希納青年時期。他後來在一大票觀眾面前，打敗了暴君康薩。隨著克里希納聲名遠播，康薩終於明白克里希納即為預言中那名會奪走其性命的孩子。他將克里希納引誘至格鬥大賽會場，使其與惡魔和巨人對戰。不過，克里希納不費吹灰之力便打敗他們，並將康薩拉下寶座拖行於競技場中示眾，接著輕輕鬆鬆地踩死了康薩。

金句連發開導阿周那王子走出迷惘

中年以後的克里希納則在《摩訶婆羅多》所描述的俱盧國大戰——庫盧謝特拉決戰中，扮演重要角色。他加入般度陣營，在精神層面上引導迷惘的阿周那王子，助其贏得勝利。而集結了克里希納哲學精華的則是，被奉為克里希納信仰經典的《摩訶婆羅多》中的《薄伽梵歌》。薄伽梵歌的意思為「神之歌」，裡頭詳細記錄了克里希納對阿周那王子的開示，回答其因煩惱同族相爭不可能會有好結果而感到困惑的疑問。內容極富哲學省思與意涵，以簡短扼要的方式來解釋即為，克里希納表明「逃避目前所處的立場、只求結果而不行動是不對的」來鼓舞阿周那。

無論任何人都有身分上或工作上的社會地位，亦即所謂的義務。履行這些義務，秉持著奉獻給至高神的心態來做出「行動」，不執著於結果，不對任何事物抱持敵意，只有這樣才能令心靈平靜，達到永恆的境地。

這原本似乎是寫給剎帝利（王侯、武士階級）的讀物，但闡明無關身分階級的為人之道與救贖的這本書，在印度廣為各界所接受。《薄伽梵歌》在近代亦成為原子彈之父羅伯特・奧本海默（Robert Oppenheimer）等西洋知識分子的愛書。克里希納留下了超越時代與國境的金玉良言，在晚年卻不幸被獵人誤認為是鹿，因全身上下唯一的弱點腳踝中箭，而一命嗚呼。這名偉大指導者的人生落幕方式實在令人唏噓。

Yudhiṣṭhira

堅戰

別名 達摩普陀羅（達摩神的兒子）
達摩拉特（正義之王）

種族 人類

家族成員 父：般度
弟：怖軍、阿周那等四人

感嘆手足命運的「正法之子」

般度五王子是母親貢蒂（Kunti）受到仙人祝福而身懷六甲，天生帶有神力的孩子。相傳長子堅戰具有正義之神達摩（Dharma）神力、次子怖軍擁有風神伐由〔→P106〕神力、三子阿周那〔→P188〕則被授予雷神因陀羅〔→P88〕的神力。

堅戰不愧是受到達摩神（正義）護佑的孩子，個性正直又誠懇，是一位品德高尚的人物；但這個正直的個性有時卻會變成不知變通，例如面對他人找碴也不懂得拒絕、一旦做出決定後就不再改變心意等等。被堂兄弟難敵〔→P200〕陷害而遭到流放，最終平安歸國的五王子，之所以會再度面臨流放的命運，正是因為堅戰無法拒絕難敵的提議，而輸了賭注的緣故。

對於恪守律法的堅戰而言，難以接受同族相殘的行為，在爆發庫盧謝特拉大戰時已做好負罪的準備。在開戰前，堅戰突然解除武裝，前往敵軍陣營，針對同族操戈一事請求指揮官毗濕摩〔↓P206〕的饒恕。被這番情義打動的毗濕摩，遂允許堅戰在戰場上殺了自己。

在這場大戰中獲勝的堅戰從而登上王位，聽到母親貢蒂吐露敵軍的迦爾納〔↓P202〕與自己其實是同母異父的手足時，深陷於弒兄的罪惡感中。晚年退位後，堅戰為了前往神界而攀登喜馬拉雅山，面臨了最後的試煉。映入堅戰眼中的是安坐於天堂的難敵。堅戰不願與引發族人相殘的這號人物待在同一個地方，聽聞其他兄弟都在地獄，故決定前去與他們相聚。接著，他聽到了迦爾納和阿周那的聲音，於是表明自己要永遠與他們在一起的決心。在堅戰說出這番宣言後，眾神這才認可其通過試煉。堅戰被召往天庭，包含迦爾納在內的兄弟們則散發著璀璨的光芒迎接他。

Duryodhana
難敵

別名　巴拉塔（婆羅多的子孫）
蘇尤達納（善戰者）

種族　人類
家族成員　父：持國

被嫉妒心沖昏頭而引發同族大戰的暴君

史詩《摩訶婆羅多》描述俱盧國王族鬧分裂而開戰，難敵則是俱盧陣營領袖，因執拗的嫉妒心而令一族踏上戰爭這條不歸路的可悲君王。

其父親為俱盧國第四任君主之盲眼王持國，母親為甘陀莉（Gāndhārī）。甘陀莉懷孕長達2年的時間，因按捺不住煩躁的情緒而敲擊肚子，結果生出來的卻是一坨肉塊。毗耶娑〔↓P186〕將此肉塊分成100小塊後，接著誕生了100名男孩。排行老大的則是難敵，相傳在他出生時，外頭的動物叫個不停，顯現出不祥的徵兆。

叔父般度身亡後，由難敵的父親持國接下王位，並收養了堅戰〔↓P198〕、阿周那〔↓P188〕等被稱為般度五王子的姪兒。由於般度五王子十分優秀，持國決定讓五王子中的長子堅戰成為王位繼承人。從以前就愛與五王子較勁的難敵，在嫉妒心的驅使下頻頻出招，像是企圖將五王子趕出宮令其從此消失、透過博弈來奪走他們的國土、用計陷害五人等等。

然後，兩邊終於發展成戰爭。大戰爆發後，兩陣營皆奮力迎敵，但俱盧軍接連中了敵軍克里希納〔↓P192〕的計謀，還連續失去指揮官毗濕摩〔↓P206〕、軍師德羅納（Drona）、迦爾納〔↓P202〕等大將。最後，面對身軀已殘破不堪的難敵，堅戰同意以一對一的方式來為這場戰爭畫下句點。主動表態與難敵對決的則是五王子中最為勇猛果敢又暴躁的怖軍〔↓P106〕。因為他特別憎恨侮辱了五王子之妻德羅波蒂的難敵。雙方歷經一番激烈廝殺後，由怖軍以極為羞辱的方式打敗了難敵。

難敵可說是在批判戰爭有多徒勞無益、愚昧荒唐的《摩訶婆羅多》這部故事中，集惡之概念於一身的人物。

迦爾納

Karṇa

別名 瓦蘇賽納
阿迪帝亞塔那耶（太陽之子）

神格 蘇利耶之子

家族成員 母：貢蒂
異父弟：般度五王子

與榮譽失之交臂的悲情王子

在庫盧謝特拉大戰中隸屬難敵［→P200］陣營，令五王子，尤其是阿周那［→P188］陷入苦戰的迦爾納。因為出身卑微而飽受歧視，因難敵有恩於己而選擇加入俱盧軍，奮戰到最後一刻。迦爾納與阿周那水火不容，但不會恃強凌弱，是一位正人君子。

神矛槍沙克堤

生母貢蒂在拋棄迦爾納時，殷切祈求上蒼保佑這個孩子，因此剛出生的迦爾納便配戴著刀槍不入的黃金鎧甲與耳環。在戰爭開打前，雷神因陀羅［→P88］為了讓阿周那獲勝，要求拿回這副鎧甲。迦爾納只能聽從神意，脫掉已與身軀融為一體的鎧甲而渾身是血。被迦爾納的虔信態度打動的因陀羅，遂授予其一擊必殺的矛槍沙克堤。

甫出生便被丟進河裡的悲慘身世

般度五王子最為忌憚的，莫過於俱盧陣營的勇士迦爾納。他的出生經過彷彿象徵其不幸的一生般，十分悲慘。

五王子的母親貢蒂，在婚前由聖人傳授了生子的曼陀羅（Mantra，咒語），為了驗證是否真的有效，她在心裡默念了太陽神蘇利耶〔↓P98〕的名字，接著迦爾納便出世了。然而，不願當未婚母親的貢蒂竟將孩子丟進河裡放水流。也就是說，迦爾納其實是五王子的哥哥。

被蘇多（sūta）族的阿迪拉塔撿回家的迦爾納被命名為瓦蘇賽納，日後遊走各地學習時，拜入俱盧族軍師德羅納門下，與般度五王子一同修習弓術。為了更上一層樓，迦爾納也曾請求保護神毗濕奴的化身持斧羅摩〔↓P168〕傳授武功。由於持斧羅摩恨透了迦爾納所屬的剎帝利（王侯、武士階級）權貴，巴不得除之而後快，迦爾納只得隱瞞身分，持斧羅摩對此大發雷霆，詛咒迦爾納日後會因為誤用武器而死。

被不幸的命運綁住手腳，迦爾納人生的終局

與五王子師出同門的迦爾納，因為身分的差異而不被允許與王子們同場較勁。俱盧國盲眼王之子難敵〔↓P200〕，則對難以吞下這份屈辱的迦爾納表達擁護之意，令其成為鴦伽（Aṅga）國王。對難敵感恩戴德的迦爾納，下定決心要打倒五王子，尤其是阿周那，令俱盧族揚眉吐氣。

而這個機會則在庫盧謝特拉大戰尾聲時到來。俱盧陣營因接連失去指揮官而居於劣勢，迦爾納遂成為總司令，要與阿周那一對一單挑。阿周那有神弓甘狄拔助陣，迦爾納則以一擊必殺的矛槍沙克堤應戰。各自持有天神武器的2位好手，打得難解難分，迦爾納好不容易逮到機會擲出矛槍，剛好就在這時候，駕駛戰車載著阿周那的保護神毗濕奴的化身克里希納〔↓P192〕將車身壓低，矛槍僅擦過阿周那頭頂。另一方面，迦爾納所乘坐的戰車車輪卻陷入地面，成為阿周那的絕佳標靶。被阿周那放箭射中的迦爾納就此絕命。

毗濕摩

Bhīṣma

別名　提婆拉陀
沙提耶桑塔（遵守約定者）

種族　人類

家族成員　父：福身王
母：甘迦

一心只盼家族繁盛與王子們和平共處的老英雄

史詩《摩訶婆羅多》所描述的俱盧與般度大戰，對兩陣營而言都得尊稱一聲大伯父的人物即為毗濕摩。而他的出生則要從俱盧國首任君主福身王的時代說起。

福身王與恆河女神甘迦〔→P70〕結為連理，但犯下偷牛罪的八神群卻轉世成為甘迦的孩子。甘迦為此接連將剛出世的孩子丟進河裡，在第八個孩子誕生後要如法炮製之時，遭到丈夫阻止。氣沖沖的甘迦遂帶著孩子躲進森林生活。這名孩子被命名為提婆拉陀（Devavrata），在極裕仙人（Vasiṣṭha）的教導下，順利成長為品行端正的青少年。某天，福身王央求妻子甘迦歸還孩子，於是甘迦將兒子帶回王宮後便突然消聲匿跡。

後來福身王與貞信再婚，生下了2名王子。此時，提婆拉陀表態讓出王位，誓言終身保持單身，以斷絕血脈。這份過於高貴的情操，令他被改稱為毗濕摩（令人肅然起敬者之意）。在百王子與五王子相繼誕生後，毗濕摩則以家族長老的身分對姪兒們提供重要建言。

在俱盧族對般度族的戰爭開打後，毗濕摩成為百王子陣營的俱盧軍指揮官。在開戰第十天，由迦尸（Kāsī）國公主安芭（Ambā）投胎轉世的束髮（Śikhaṇḍin），明白毗濕摩因為有愧於他而無法出手攻擊，遂發動突襲。阿周那「→P70」從束髮背後放出的無數箭矢射中了毗濕摩，使他滾落戰車，士兵們紛紛聚集到這位令人敬重的長老身邊。毗濕摩臨終勸說，希望能用自己的死換來戰爭結束，但俱盧軍首領難敵「→P200」卻聽不進去，戰火依然無法平息。冀望家族和平的長老實在死得太冤枉。

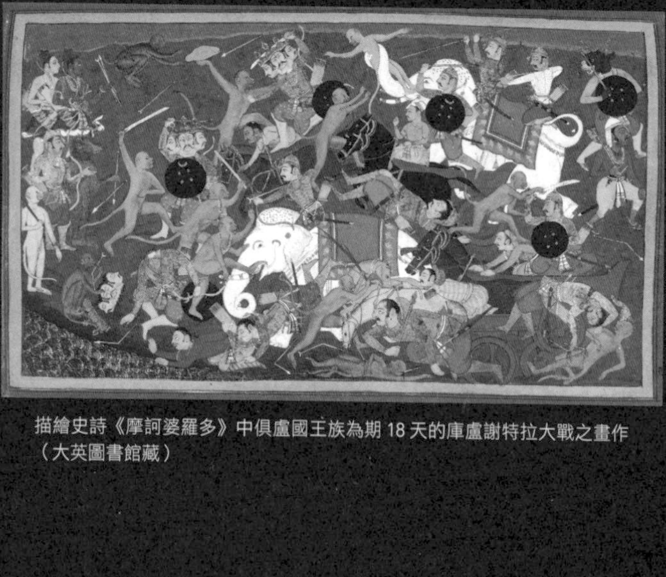

描繪史詩《摩訶婆羅多》中俱盧國王族為期 18 天的庫盧謝特拉大戰之畫作
（大英圖書館藏）

2～5劃

二十七宿（Nakshatras）……意指星星或星座，將月亮軌道分為27或28段。一宿代表一日，皆各定有吉凶，據說對祭司階級進行一定的布施，便能累積功德。

十車王（Dasaratha）……保護神毗濕奴第七化身羅摩之父——拘薩羅國王。妻子為喬薩麗雅（Kaushalya）、吉迦伊、蘇蜜特拉（Sumitra）三人。由於聽從二夫人吉迦伊之言，將其兒子婆羅多立為太子，長子羅摩因而離開王宮，他因為忍受不了失去愛兒的悲傷而一命嗚呼。

三位一體……將造物神梵天、保護神毗濕奴、破壞神濕婆三位神祇視為一體的思維，亦稱為三相神（trimūrti）。一般認為梵天創造宇宙，毗濕奴負責維持，濕婆則加以破壞、再生，也有說法主張梵天體現憂性（rajas）、濕婆體現暗性（tamas）、毗濕奴體現善性（sattva）來維持宇宙的運作。

化身、降凡（Avatāra）……在印度教成立之際，為了顧及與婆羅門教神話的統整性，而賦予眾神化身或別名來因應各種情節，其中尤以保護神毗濕奴與破壞神濕婆的化身最為有名。彙整了毗濕奴第八化身克里希納講道內容的《薄伽梵歌》記載，每當發生不公不義或不道德之情事時，為了實現正義與重整道德秩序而現身，即為化身的意義。→P34

天地二神（Dyāvā pṛthivī）……相傳為眾神的雙親，青春永駐，保護世間萬物，賜予恩惠。天神（Dyāvā）與地神（Pṛthivī）在吠陀時代皆被認為是最古老的神祇。吠陀時代之後，相對於失去重要性的天神，地神賜給人們穀物與蔬菜的神話則流傳下來，也因此被認為帶動了地母神信仰。

天馬高耳（Uccaishrava）……於攪乳海過程中誕生，隸屬於雷神因陀羅的白馬。據信為馬中之王，乃蛇魔族那伽之母卡卓與神鳥迦樓羅之母薇娜塔打賭的對象。

日種族（sūryavaṃśa）……相傳為太陽的種族，始祖為太陽神蘇利耶。這是由人類始祖摩奴所開創的世系，佛教的開山祖師佛陀以及耆那教創始者摩訶毗羅（Mahāvīra）皆出身此種族。與月種族為相對的存在。

月種族（candravaṃśa）……酒神蘇摩子孫所建立的世系。相傳保護神毗濕奴的第八化身——克里希納也屬於此種族。在史詩《摩訶婆羅多》中登場的勇士們亦大多出身此族。

木柱王（Drupada）……般度五王子共同的妻子德羅波蒂之父。與俱盧族軍師德羅納為同窗，兩人十分要好，木柱王還曾與德羅納約定，當自己登上王位時，德羅納可以任意處置王國的財寶。然而，木柱王登基後卻把貧窮的德羅納趕走而遭到其報復，失去了一半的國土。木柱王為了報仇而生下德羅波蒂兄妹，在庫盧謝特拉戰役中加入與德羅納陣營為敵的般度軍，成為其中一名指揮官，卻被德羅納擊敗而戰死沙場。

卡卓（Kadrū）……仙人迦葉波之妻，蛇魔族那伽之母。據信父親為造物主波羅闍波提之一的達剎。與神鳥迦樓羅之母薇娜塔為姊妹，但感情不睦，透過作弊贏了賭注後，將薇娜塔當成奴隸。

卡爾提凱亞（Kārttikeya）……意為與昴宿結合者，為軍神室建陀別名。相傳被灌注到火神阿耆尼身上的破壞神濕婆精液，由恆河女神甘伽接收才生下室建陀，並由昴宿扶養長大。一般被描繪成6顆頭，手持弓與箭，以名為帕拉瓦尼的孔雀為坐騎。在貴霜（Kushan）王朝時期還曾成為貨幣圖騰，可據此研判其自古以來便被當成軍神信仰。→P68

史詩……敘述民族歷史事件，特別是英雄傳說或神話等內容的詩歌。古印度的史詩據信為人類首度創作的作品。另一方面，吠陀文獻則被認為是神所創造的天啟經典（śruti）。

布里哈斯帕帝（Brihaspati）……天界的祭祀官、眾神的指導者。在後來的文獻中被認為是聖人之一，妻子為與酒神蘇摩發生關係的塔拉。在聖典《梨俱吠陀》中，特別強調他與雷神因陀羅的淵源，據信應是欲藉此暗示祭司階級婆羅門與王之間的關係。

本集（Samhitā）……吠陀文獻中，包含曼陀羅（Mantra，讚歌、祈禱文、施咒用的讚歌）的基礎部分。依祭祀類別可分為《梨俱吠陀》、《娑摩吠陀》、《夜柔吠陀》、《阿闥婆吠陀》4種。

瓦希修達（Vasiṣṭha）……據信為聖典《梨俱吠陀》作者之一的仙人。亦為造物主波羅闍波提其中一員。《百道梵書》記載他因為100名孩子遭到殺害而試遍各種方法尋短，往世書文獻則記載其三度轉世投胎的故事。

瓦蘇德瓦（Vasudeva）……保護神毗濕奴的第八化身克里希納別名。意為瓦蘇德瓦之子。

甘狄拔（Gāṇḍīva）……由造物神梵天所打造的阿周那神弓。原本為梵天贈予酒神蘇摩之物，後由蘇摩送給司法神伐樓拿，伐樓拿再轉贈給火神阿耆尼，阿周那因幫忙解決阿耆尼消化不良的毛病而成為最終持有者。在庫盧謝特拉大戰後，阿耆尼要求阿周那歸還此弓，但阿周那不從，將神弓丟入水中。→P188

甘陀莉（Gāndhārī）……犍陀羅國王之女，乃破壞神濕婆的狂熱信徒。因獲得俱盧國盲眼王持國的青睞而成為其妻子，生下了以難敵為首的100位王子與1位公主。在庫盧謝特拉大戰後，與丈夫和妯娌貢蒂一同歸隱森林，卻葬身火窟。→P200

甘露（amrita）……攪乳海過程中所生成的不死仙藥。相傳眾神喝下此水後成為不死之身，而魔神阿修羅則無緣分一杯羹。女神拉克希米經常隨身攜帶甘露瓶。

6～10劃

印度教……在印度原始信仰的基礎上融入婆羅門教，奉往世書文獻為聖典的宗教。印度雅利安人吸收了許多部族，擴展文化圈，形成了為數眾多的城邦，繼而演變成共和體制的國家，令婆羅門教與種姓制度起了變化，自由思想的風潮應運而生。在此過程中，透過化身的概念與印度原始信仰兼容並蓄，並普及至一般庶民生活中的即為印度教。在婆羅門教享有人氣的吠陀神祇從而失去重要性，造物神梵天、保護神毗濕奴、破壞神濕婆遂被奉為三位一體的最高神。→P22

吉耶婆那（Chyavana）……年老的仙人。因歷經嚴峻的苦行而渾身皺紋，在身兼醫療之神的雙子神阿史文指示下，以泉水沐浴後，皺紋消失，蛻變為年輕有朝氣的青年。為了報答回春之恩，吉耶婆那與雷神因陀羅交手，幫助阿史文爭取到飲用蘇摩酒的資格。→P103

吉迦伊（Kaikeyi）……史詩《羅摩衍那》主角羅摩之父十車王的3位妻子之一。十車王協助雷神因陀羅與魔族阿修羅作戰，吉迦伊則在交戰過程中救了十車王，王遂承諾為其實現2個心願。她所提出願望之一為讓自己的孩子婆羅多登上王位，原本的王位繼承人羅摩因而被趕出宮。

因陀羅耆特（Indrajit）……羅剎王拉瓦納之子彌迦那陀（Meghanada）。由破壞神濕婆賜予力大無窮的超能力，也會使用法術。在生擒雷神因陀羅後被授予因陀羅耆特（意為打倒因陀羅者）的名號，經造物神梵天同意而成為不死之身。他放箭射中保護神毗濕奴第七化身，

羅摩的同父異母之弟羅什曼那，卻被奇蹟式復活的羅什曼那打敗。→P172

宇迦（Yuga）……反覆生成與消滅，乃印度教的宇宙運行週期。可分為代表諸事完美時代的圓滿時（Krita Yuga）、四分之三完美時代的三分時（Treta Yuga）、二分之一完美時代的二分時（Dvapara Yuga）、四分之一完美時代的爭鬥時（Kali Yuga）4期。各期分別等於4800年、3600年、2400年、1200年。凡人的宇迦為4期加總起來的1萬2千年，相當於神的1日，神的1000宇迦則相當於造物神梵天的1日。然而，據往世書文獻所述，4宇迦的總計等於神的宇迦，而神的1年等於凡人的360年。以此來重新換算4宇迦，會分別等於172萬8千年、129萬6千年、86萬4千年、43萬2千年，加總起來為432萬年，稱之為1摩訶宇迦（Mahayuga）。爭鬥時相當於佛教所說的末法時期，相傳毗濕奴第十化身迦爾吉將現身，救濟眾生。

吠舍（Vaishya）……種姓制度中的庶民階級。相傳誕自原人普魯沙的雙腿。→P15

吠陀文獻……吠陀時代（婆羅門教）的聖典。由本集、梵書、森林書（Āraṇyaka）、奧義書（Upaniṣad）4個部分組成。

吠陀時代……由印度雅利安人建立起奉婆羅門教為國教的時代。以吠陀文獻為基礎而發展茁壯，司法神伐樓拿擁有重要地位，雷神因陀羅享有高人氣。→P20

坎達瓦（Khandava）森林……位於俱盧國庫盧謝特拉的森林。火神阿耆尼因吃了太多供品而以火燒森林的方式來幫助消化。相傳森林裡住著與眾神敵對的族群，以及雷神因陀羅的友人等。→P97

坐騎（Vahana）……神祇所騎乘的鳥類或動物。被視為神聖之物，亦受到民眾崇拜。如同造物神梵天為桓娑（鵝）、保護神毗濕奴為神鳥迦樓羅般，坐騎代表著神祇的性格與神力，在吠陀時代以後才開始廣泛使用此概念。

妙賢（Subhadra）……保護神毗濕奴第八化身——克里希納之妹，英雄阿周那之妻。阿周那等五王子共同的妻子德羅波蒂反對兩人的婚事，妙賢同意成為其侍女才獲准結婚。相傳在兒子激昂於庫盧謝特拉大戰戰死後，便返回兄長統治的國度。

邦奇珍亞（Panchajanya）……保護神毗濕奴所持的法螺名稱，亦作為毗濕奴第八化身克里希納的印記。相傳此螺聲能給予神祇勇氣、對阿修羅造成威脅、滅絕邪惡不正之物。由棲息於海洋，外型為貝殼的阿修羅骨頭或貝類所打造而成。

奇武（Vicitravīrya）……史詩《摩訶婆羅多》中俱盧國第二任君王，為作者毗耶娑的同母異父之弟。在兄長花釧代替長老毗濕摩繼承王位卻被殺害後而登基，但在未誕下子嗣的情況下離世。

往世書文獻……講述印度教眾神故事，以及婆羅多族和羅摩王的事蹟，與兩大史詩《羅摩衍那》、《摩訶婆羅多》並列為印度教聖典。一般用來指稱18種類的文獻，用來補充說明的文本則稱為小往世書（Upapurāṇa）。據悉分為創造、再創造、系譜、摩奴期、王朝歷史五大主題，以及講述印度教三神（造物神梵天、保護神毗濕奴、破壞神濕婆）的神話與傳說。其中以毗濕奴和濕婆的故事佔多數，但兩神的地位又根據文獻而有所差異，有些認為兩者並列，有些認為濕婆居於最高位，有些則視毗濕奴為至高神，研判應是受到寫作者的宗教立場影響。→P16

怖軍（Bhīma）……俱盧國王般度五王子（般度族）中的一

員。乃王妃貢蒂的次子，受到風神伐由的庇護。相傳精通棍棒術，實力堅強到甚至能打倒羅剎族巨人。在年幼時期，經常打敗一起長大的百王子，而遭俱盧族憎恨，還曾被下毒丟入恆河。在五王子共同的妻子德羅波蒂遭俱盧族長兄難敵侮辱時，表現得最為憤怒，於庫盧謝特拉大戰手刃難敵。→P106

拔哲羅（vajra，金剛杵）……外型與金屬杵類似的法器，乃雷神因陀羅的武器。有時亦代表雷擊之意。這是為了打倒魔王弗栗多而由工藝之神陀濕多一手打造的，相傳投擲拔哲羅能召來雷擊，但必須定期保養研磨。→P128

拘薩羅國（Kosala）……約於西元前七~前五世紀形成的城邦國家。乃史詩《羅摩衍那》的故事所在地。身為保護神毗濕奴第七化身的羅摩則以主角身分登場，為拘薩羅國王子。首都為阿約提亞（Ayodhyā），另一座都城舍衛城（Śrāvastī）則因為佛陀在此講道而廣為人知。推測坐落於現在印度人口最多的北方邦（Uttar Pradesh）東北部。此外，另有一個同名的王國位於南方，因此又被稱為北拘薩羅國。

波羅奢羅（Parāśara）……破滅仙人，史詩《摩訶婆羅多》傳說中的作者。由於父親遭到邪鬼羅剎殺害，因而作法企圖一舉消滅羅剎族，相傳燒死了好幾千名的羅剎。與貞信生下了一般認為的《摩訶婆羅多》作者——毗耶娑。

波羅闍波提（Prajāpati）……造物主之意，所指稱的人物隨著文獻而有所不同。在吠陀文獻中指的是雷神因陀羅與酒神蘇摩等神，在《梵書》中則代表造物神梵天。此外，在往世書中則稱波羅闍波提是由梵天所造，由幾位相當於人類始祖的聖人組成。

花釧（Citrāngada）……出現於史詩《摩訶婆羅多》的俱盧國王子。原預定代替異母兄弟毗濕摩繼承王位，但與同名的乾闥婆（半神半獸）交戰長達3年後不幸離世。

阿里耶門（Aryaman）……阿迪蒂耶（純潔女神阿迪蒂的兒子們）一員，身分為太陽神。讚歌數與司法神伐樓拿、契約神密特拉不相上下，負責維持天理。→P136

阿帕莎拉（Apsara）……水精靈，乃半神半獸乾闥婆之妻。據信原型為雲或彩霞。有著美麗女性的外型，善於變身，有時也會幻化成水鳥。如同北歐神話的女武神瓦爾基麗（Valkyrie），會將戰死者帶往雷神因陀羅統治的國度，也會透過性感嫵媚的身段來誘惑英雄或修行者。聖典《梨俱吠陀》記載其居住於因陀羅坐鎮的天界，後來被認為住在菩提樹等神聖的樹木裡，這些樹木的沙沙作響聲，其實是阿帕莎拉演奏聲的說法也因而廣為流傳。→P154

阿帕絲（Āpas）……在吠陀時代被讚譽為全宇宙之母與妻。據信為誕下生物與非生物、能治癒疾病、為人類帶來繁榮的慈愛之神。

阿陀利（Atri）……在聖典《梨俱吠陀》中登場次數最多的仙人。受到雙子神阿史文的保護，據往世書文獻所述，乃造物神梵天的兒子之一。史詩《摩訶婆羅多》記載，在魔族阿修羅從世界奪走光明之際，眾神求助於阿陀利，他因而變成月亮照亮眾神，接著變成太陽將阿修羅燒個精光。

阿迪蒂（Aditi）……吠陀時代的純潔女神。在魔王巴利支配三界（天界．地界．冥界）之際，請求保護神毗濕奴救助眾神，而成為毗濕奴第五化身瓦摩納之母。此外，她亦是造物神梵天的孫子迦葉波之妻，相傳生下了司法神伐樓拿與契約神密特拉等33名兒子（阿迪蒂耶，Āditya），亦被認為是雷神因陀羅的母親。

阿羅納（Aruṇa）……神鳥迦樓羅的哥哥。因怨恨母親薇娜塔令自己在尚未發育成熟的狀態下出生，而詛咒母親成為奴隸。阿羅納亦為黎明神，相當於吠陀時代的黎明女神烏莎斯。阿羅納乃太陽的神格化，名字的意思為「紅色之物」。

剎帝利（Khattiya）……種姓制度中的王侯、武士階級。相傳誕自原人普魯沙的雙臂。→P15

南迪（Nandi）……相傳為破壞神濕婆坐騎的公牛。象徵幸福事物，供奉破壞神濕婆的印度教寺廟入口處，一定都會設置南迪像。

持斧羅摩（Paraśurāma）……意為「手持斧頭的羅摩」，乃保護神毗濕奴的第六化身。為仙人迦摩陀迦尼的第五個兒子，相傳為了報殺父之仇，手持婆羅娑（斧頭）將海哈亞國王族格殺殆盡。對剎帝利（王侯、武士階級）深惡痛絕。與毗濕奴第七化身羅摩於同時代顯現並正面交鋒，最後由羅摩獲勝。此外，雙親過去潛心進行嚴格修行時，母親因羨慕鄰國王子夫妻甜蜜恩愛，惹得父親發怒，命其殺死母親，他遂以斧頭砍下母親的首級。在這之後則向父親要求讓母親復活、長壽以及變得強大作為獎勵，父親確實幫他實現了這些願望。→P168

持國（Dhṛtarāṣṭra）……將王位讓給異母弟弟，卻因為弟弟早逝而成為俱盧國第四任君主的盲眼王。收養了5名姪兒，認為他們比自己的100位兒子優秀，而將姪兒堅戰立為接班人。不料，這卻成為引發俱盧國王族分裂開戰的導火線。戰後在堅戰所統治的王宮內生活，因與姪兒怖軍對立，遂偕同妻子和異母弟弟退隱森林，專心修行，卻因為森林大火而被燒死。

毗底耶陀羅（Vidyadhara）……住在介於天界與地界之間的下級神祇。相傳由雷神因陀羅所生，也會為人類帶來恩澤。女性形態則稱為毗底耶陀莉。

毗首羯磨（Viśvakarman）……在吠陀時代乃代表宇宙智慧的至上造物主，被認為等同於工藝之神陀濕多。這個名字的意思為萬物創造者，據信其為宇宙的設計者。相傳利用女兒商者娜（莎朗尤）之丈夫毘婆斯伐特（太陽神蘇利耶）的光芒碎片為眾神打造武器。在史詩《摩訶婆羅多》與《羅摩衍那》中亦製造出各式各樣的物件。→P120

毗盧遮那（Virocana）……→P126

毘婆斯伐特（Vivasvat）……吠陀時代的神祇，意為發光者，也被認為是蘇利耶的別名。據往世書文獻所述，乃阿迪蒂耶（純潔女神阿迪蒂的兒子們）其中一員，與毗首羯磨（工藝之神陀濕多）的女兒商者娜結婚，生下人類始祖摩奴、冥界之王閻摩、閻蜜三兄妹。→P98

苦行（tapas）……力量的根源，抑或為了獲得力量的手段（修行或苦行）。在神話中多半是剎帝利君王用於祈求子嗣，原本為仙人專用的修行方式。

貞信（Satyavatī）……史詩《羅摩衍那》作者毗耶娑之母。原本遭到詛咒而變成魚棲息於恆河，因喝下某位君王的精液而懷了龍鳳胎，被漁夫撈捕上岸。這條魚所生下的龍鳳胎中，被命名為瑪特絲雅甘蒂的女嬰即為貞信。與破滅仙人生下毗耶娑後，被俱盧君主福身王看上，她所開出的結婚條件則是確保日後孩子能繼承王位，婚後再度誕下2名孩子。

迦葉波（Kaśyapa）……造物神梵天的孫子，相傳為雷神因陀羅之父的仙人，亦為造物主波羅闍波提的首領。乃包含蛇魔族那伽、神鳥迦樓羅在內的神祇、魔族、人類、動物等天地萬物之父。

迦爾吉（Kalki）……保護神毗濕奴的第十化身——白馬騎士。在人類墮落到無以復加之時，會為了剷惡除奸，恢復正義而現身。又譯迦樂季、卡爾基。→P39

迦摩陀迦尼（Jamadagni）……保護神毗濕奴第六化身持斧羅摩的仙人父親。母親為俱盧國王后貞信。遭到海哈亞國王卡塔維里亞殺害。

首陀羅（Śūdra）……種姓制度中的奴隸階級。相傳誕自原人普魯沙的雙腳。→P15

俱盧族（Kaurava）……俱盧國盲眼王持國所生的百王子之稱謂。此外，亦可用來指稱在庫盧謝特拉大戰中支持百王子陣營的人們。此詞彙代表俱盧子孫之意，百王子則與前國王般度的五王子敵對。

娑羅樹（śāla）……又作沙羅雙樹、沙羅樹。乃破壞神濕婆之妻杜爾嘉常駐的聖樹之一。由於佛陀於娑羅樹林入涅槃，亦被佛教徒視為聖樹。

庫爾瑪（Kūrma）……保護神毗濕奴的第二化身，為一頭巨龜。在攪乳海之際成為轉動曼陀羅山的支撐點。相傳源自造物主波羅闍波提以烏龜之姿創造世界的神話。→P38

庫盧謝特拉（Kurukshetra）……俱盧國王族分裂成俱盧軍與般度軍開戰的地方。據史詩《摩訶婆羅多》所述，此地民眾素來以勇敢著稱，死後皆上了天堂。據悉位於現在的德里附近。

桓娑（Hamsa）……指稱鵝。有些學者則認為是指天鵝。在印度神話中據信為造物神梵天的坐騎。在吠陀時代，因優雅的飛翔姿態與純白羽毛而被視為神獸，並與太陽形成連結，成為象徵豐收的鳥類。

烏摩（Umā）……帕爾瓦蒂的別名，代表優美與穩重。在吠陀文獻中地位比火神阿耆尼、雷神因陀羅、風神伐由都還要高，在《羅摩衍那》則被認為與神妃拉克希米、恆河女神甘伽同等級。相傳原本名為阿帕爾娜。→P54

般度（Pāṇḍu）……俱盧國盲眼王持國之弟。母親與父親毗耶娑交媾時，由於見到父親的樣貌而面容慘白，因此般度出生時臉色蒼白，而被取了這個意為蒼白之物的名字。某日遭聖人詛咒，若觸碰妻子將會橫死。在阿周那等五王子出生時大感歡喜而忍不住擁抱妻子，結果英年早逝。

般度族（Pāṇḍava）……俱盧國王般度5名兒子的統稱。長子善於駕駛戰車、次子擅長棍棒、三男長於弓術、四男與五男則精通劍術。五人被伯父也就是俱盧國的盲眼王持國收養，大哥堅戰被指名成為接班人後，導致他們與盲眼王的100名兒子（俱盧族）敵對，演變成庫盧謝特拉大戰。此外，在大戰中支持五王子的人們亦被稱為般度族。

貢蒂（Kuntī）……俱盧國第三任國王般度之妻，迦爾納之母。原本名叫普莉塔。由於被傳授了生子曼陀羅（Mantra，咒語），而遭到若丈夫觸碰她便會暴斃的詛咒，但她還是在神的眷顧下生下了3個孩子（堅戰、阿周那、怖軍）。哥哥為保護神毗濕奴第八化身克里希納的父親——瓦蘇德瓦。

馬特斯亞（Matsya）……外貌為長角的魚，乃保護神毗濕奴的第一化身。據往世書文獻所述，人類始祖摩奴為了參拜而掬水洗手時，一條魚赫然出現在手中對其求救，他便將這條魚養在罈子裡。隨後變得無比巨大的這條魚，預言將發生大洪水，交代摩奴帶著7名聖人與各式種子乘船後便消失了。後來真如預言所料發生了洪災，魚成為馬特斯亞現身，將摩奴乘坐的船隻綁在角上救其逃難。→P38

馬嘶（Aśvatthāman）……俱盧陣營軍師德羅納之子。額頭天生嵌有一顆神奇寶石，據說能保護其不受敵人侵擾，避開災害與飢荒之苦。由於出生時的哭聲似馬叫，因而被取了意為「馬鳴聲」的名字。他亦加入俱盧軍參與庫盧謝特拉大戰，還曾被任命為軍隊總司令。馬嘶被描寫成實力與阿周那匹敵的勇士，乃許多軼事傳說的主角。

11~15劃

偕天（Sahadeva）……般度五王子之一，受雙子神阿史文庇護的小兒子。相傳是五王子中長相最為俊美的孩子，精通劍術，對長兄堅戰相當服從。與第四王子無種為雙胞胎，母親為俱盧國第三任君主般度的二夫人瑪德莉。

商耆娜（Sanjna）……據往世書文獻記載，乃毗首羯磨（工藝之神陀濕多）的女兒。與毘婆斯伐特（太陽神蘇利耶）生下人類始祖摩奴、冥界之王閻摩、閻蜜三兄妹。由於難以忍受丈夫的光芒，找來槍手假扮自己後，變身成母馬躲藏於森林裡，卻被察覺事實的丈夫找到，後又生下雙子神阿史文與雷瓦達。有一部分被認為等同於神妃薩拉斯瓦蒂，在《梨俱吠陀》中則以別名莎朗尤登場。

婆羅多（Bharata）……拘薩羅國十車王與二夫人吉迦伊所生的孩子。由於吉迦伊所提出的請求而被立為繼承王位的太子，但他並不願意接受，前往探訪原本的接班人，亦即已離宮的異母哥哥羅摩，勸其接下王位。然而，羅摩卻勸婆羅多應聽從父命登上王位，並把代表王位的鞋子交給他。婆羅多帶回這雙鞋後將之安置於王位上，自己則以羅摩代理人的身分執政。

婆羅門……種姓制度中的祭司階級。相傳誕自原人普魯沙之口。→P15

婆羅門教……以吠陀文獻為聖典的宗教，乃印度雅利安人所建立的政教合一國家的基礎。奉行婆羅門（祭司階級）至上主義，盛行立基於吠陀文獻的祭祀萬能思想。

婆羅賀摩施特拉……類似迴力鏢之物。相傳百發百中，而且一定會回到主人手中的武器。意指梵天的飛鏢。

密特拉（Mitra）……在聖典《梨俱吠陀》中，讚歌數與司法神伐樓拿並駕齊驅的契約神兼友愛之神。在《梨俱吠陀》中，密特拉與司法神伐樓拿連結成對偶神，合稱密特拉．伐樓拿，兩者皆被獻上許多讚歌。在往世書文獻中未獲重視，被認為是阿迪蒂耶（純潔女神阿迪蒂的兒子們）其中一員。據信相當於瑣羅亞斯德教的米斯拉（Mithra）。→P134

康薩（Kamsa）……因聽信預言而企圖殺害保護神毗濕奴第八化身克里希納的暴君。他用計將克里希納誘入國門，派出大象與大力士進行奇襲卻無法得逞，打算祭出流放國外這一招時，反而遭到反擊。→P194

《梨俱吠陀》……約於西元前十二～前十世紀時成書，乃婆羅門教聖典。以祭司階級婆羅門為對象所編纂而成，收錄宗教儀式用的讚歌與祈禱文。總計10卷，由1028篇讚歌（包含11則補充本詩歌）組成。→P20

《梵書（Brāhmaṇa）》……吠陀文獻中附屬於本集，主要針對祭祀進行解說的散文部分。內容為讚歌與祈禱文的意義、祭儀的順序與方法等等，在6部文本中，《百道梵書》與《賈彌尼雅梵書（Jaiminīya Brāhmaṇa）》含括了許多神話與傳說。

善見神輪（Sudarśana）……保護神毗濕奴所持有的圓盤狀武器、環刃（Chakram）。由工藝之神陀濕多（毗首羯磨）利用太陽神蘇利耶（毘婆斯伐特）的光芒碎片打造而成。此法器代表毗濕奴靈活的思考力與無限的心力。有時也會被擬人化，化身為圓眼凸腹的小矮人。

提婆（Deva）……印度神祇的總稱，抑或指稱眾神所居住的天界。一般而言，提婆並非嚴格的唯一神概念，反而偏向於人類理想化的存在。尤其是在往世書（印度教）時代，這樣的傾向更為強烈，神與人經常有所交流，難以區分神與人的情況亦所在多有。

普什帕卡（Pushpaka）……能像天鵝一樣奔馳於天際的戰車。由造物神梵天贈予財神俱毗羅，後遭羅剎王拉瓦納奪走時，被保護神毗濕奴的第七化身羅摩攔截。

普拉杜姆納（Pradyumna）……保護神毗濕奴第八化身克里希納之子。也有一說認為是愛神伽摩投胎轉世而成。→P85

森林書（Āraṇyaka）……吠陀文獻中講述應於森林中所傳授的祕儀、祕法，成書時期被認為介於梵書與奧義書之間。現存文本為《愛達羅氏森林書（Aitareya Āraṇyaka）》、《海螺式森林書（Ākhāyana Āraṇyaka）》、《泰帝利耶森林書（Taittirīya Āraṇyaka）》等。

無種（Nakula）……俱盧國王般度的第四個兒子，母親為瑪德莉，偕天為其雙胞胎弟弟。由於母親在般度王身故後跟著自盡，兩兄弟是由繼母貢蒂撫養長大的。無種精通劍術，特別擅長使用武器，而被稱為阿提拉汀（戰車勇士之意）。

舒爾波娜伽（Surpanakha）……羅剎王拉瓦納之妹。因看上保護神毗濕奴的第七化身羅摩，而成為拉瓦納與羅摩開戰的導火線。羅摩同父異母之弟羅什曼那代替已婚兄長被介紹給舒爾波娜伽認識，卻出言嘲笑加以拒絕，令舒爾波娜伽憤而襲擊羅摩之妻希妲，卻慘遭羅什曼那砍下鼻子與耳朵，因而慫恿哥哥擄走希妲。

菩提樹（Asvattha）……相傳擁有永恆生命的聖樹，亦稱思維樹。因毗濕奴的第九化身佛陀在此樹下悟道成佛而廣為人知。據信此為毗濕奴之妻拉克希米所居住的樹木，與破壞神濕婆以及毗濕奴的第八化身克里希納也有很深的關係。無論是印度教徒或佛教徒皆很崇敬菩提樹，在印度人心目中具有神聖的地位。

雅度族（Yadava）……奉仙人阿陀利為始祖，乃保護神毗濕奴第八化身克里希納出身部族。相傳在庫盧謝特拉大戰36年後斷了香火。

須羯哩婆（Sugriva）……猿猴勇士哈奴曼的母國猴王。在羅摩的協助下討伐了奪走國土與妻子的兄長，收復國土。之後與羅摩結盟，為了尋回遭羅剎王拉瓦納擄走的希妲，派出以猿猴勇士哈奴曼為首的猴子軍團助陣。

塔拉（Tara）……眾神指導者布里哈斯帕帝之妻。受到酒神蘇摩誘惑而與之發生關係，引發兩男上演搶人大戰，最終回到丈夫身邊。然而，在生下孩子後又因為誰才是生父再度爆發衝突。剛開始一貫保持沉默的塔拉，在孩子發怒追問下，終於坦承蘇摩才是生父。在密教中被稱為多羅菩薩或多羅觀音。→P119

奧義書（Upaniṣad）……吠陀文獻中，將創造世界的梵天（Ātman，自我）抽象化，概括為哲學思想的部分。可大致分為古奧義書與新奧義書，兩者又再各自分為三期與五群。

愛羅婆多（Airāvata）……雷神因陀羅的坐騎，是一頭有著4根牙的巨大白象。據史詩《摩訶婆羅多》所述，這頭白象在開天闢地初期，擁有一對翅膀能在天上飛，但因折斷正在講道的仙人頭上的樹枝而觸怒仙人，被沒收了翅膀。然而，相傳此象擁有生成雲團的能力，當因陀羅騎乘愛羅婆多時便會降下雨水。於攪乳海過程中誕生，又被稱為愛羅婆那。

犍陀羅（Gandhara）……印度西北邊境地區的古地名，相當於巴基斯坦北部的白沙瓦（Peshawar）。在史詩《摩訶婆羅多》中，由俱盧國的盲眼王之妻甘陀莉的父親蘇布拉（Subala）統治。

蒂爾薩（Tirtha）……指稱聖地與神殿。大多位於河岸邊，該河水則被當作生活用水，對印度教徒而言，蒂爾薩在信仰與生活方面皆具有重大意義。

賈塔尤（Jatayu）……據信為神鳥迦樓羅之子的禿鷹，為毗濕奴第七化身羅摩之父十車王的友人。試圖阻擋羅剎王擄走羅摩之妻希妲而慘遭殺害。

達剎（Daksa）……阿迪蒂耶（純潔女神阿迪蒂的兒子們）

其中一員。在史詩《摩訶婆羅多》中誕自造物神梵天的右手大拇指。與女兒薩蒂的夫婿破壞神濕婆不合，導致女兒自焚輕生。他亦被認為是蛇魔族那伽之母卡卓，以及神鳥迦樓羅之母薇娜塔這對姊妹的父親，也有文獻指稱他乃保護神毗濕奴的化身。

達嚫（Dakṣiṇa）……對祭司階級婆羅門進行布施。對婆羅門的達嚫，被認為是對神的奉獻，相傳神祇會保佑施主家族興旺、長壽並賜予財寶。達嚫有一定的規矩，乃舉行祭祀時不可或缺之物。達嚫神格化後成為女神，民眾會求其保佑人們遠離災厄。

瑪德莉（Mādrī）……俱盧國王般度的二夫人。受到雙子神阿史文的庇護，生下雙胞胎兄弟無種與偕天。受到詛咒，若觸碰妻子就會喪命的丈夫，因擁抱了瑪德莉而一命嗚呼，她遂在丈夫火化過程中往火裡縱身一跳，結束生命。

種姓制度（caste）……印度的社會階級制度。祭司階級的婆羅門地位最高，接下來依序為王侯、武士階級的剎帝利、庶民階級的吠舍、奴隸階級的首陀羅。約於西元前十世紀時形成，歷經數千年的時間支配著印度社會。→P15

德羅波蒂（Draupadi）……般遮羅國公主。後來嫁給在選婿大會上展露精湛射箭功力的般度三王子阿周那，成為五王子共同的妻子。關於這件事的由來則有幾種說法，一說為德羅波蒂乃五度求夫的女子轉世而成，一說則稱五王子的母親以為兒子們帶回家的是布施之物，要他們共同享用，德羅波蒂因而成為五人之妻。實際上據信這應該是般度家自古以來的傳統。此外，為了避免五王子之間爭風吃醋，還立有家規，若妨礙干擾其他兄弟與德羅波蒂親熱，就得被流放在外12年，外加禁慾作為處罰。

德羅納（Drona）……俱盧族軍師、射箭高手。相傳其父按捺不住見到天女的興奮之情，精液不小心噴到木製容器而生出了德羅納。唯一的死黨木柱王登基後翻臉不認人，誓言報仇的德羅納為了招募子弟兵而遊走四方，獲得俱盧族長老毗濕摩的青睞，開始教導王子們弓術。他要王子們活捉木柱王，作為指導弓術的回禮。在俱盧國王族分裂為二時，他曾盡力避免兩陣營爆發衝突，但大戰開打後則加入俱盧陣營作戰。因接獲兒子戰死沙場的假消息而喪失戰意，隨後遭到敵軍狙擊而殞命。

魯克彌妮（Rukmiṇī）……保護神毗濕奴第八化身克里希納之妻，相傳為毗濕奴之妻拉克希米的化身。魯克彌妮鍾情於克里希納，卻遭到哥哥反對，安排將其嫁給他國君王，克里希納出手阻饒，兩人順利結婚，生下了10名兒子。→P47

16~20劃

激昂（Abhimanyu）……英雄阿周那與妻子妙賢所生的孩子。在庫盧謝特拉大戰時，與俱盧軍指揮官毗濕摩歷經一番鏖戰後，終於獲勝立下戰功，卻敗給百王子中的其中一人而戰死沙場。→P190

鴦伽（Aṅga）……俱盧軍勇士迦爾納所統治的國家，坐落於印度東北的比哈爾（Bihar）邦東部，推測約位於現今恆河岸邊的巴加爾布爾（Bhagalpur）附近。

鴦耆羅斯（Angiras）……據信為聖典《梨俱吠陀》作者之一的聖人，亦為造物主波羅闍波提其中一員。其名字代表敵對性咒語或黑魔咒之意，原本為僧侶之名，後來亦被認為是天文學典籍的作者。

薄伽梵（Bhagavad）……泛指吠陀時代的神祇與仙人，亦用來尊稱保護神毗濕奴的化身克里希納以及破壞神濕婆。史詩《摩訶婆羅多》中，克里希納曾開導阿周那崇拜太陽神薄伽梵，後來薄伽梵被視為等同於克里希納，甚至被認為是毗濕奴化身的神格化。將克里希納（毗濕奴）當成薄伽梵信仰的民眾，被稱為薄伽梵塔派（Bhāgavata），奉《薄伽梵歌》為聖典。

《薄伽梵歌》……意為「神之歌」，將毗濕奴第八化身克里希納當成薄伽梵信仰的薄伽梵塔派經典。收錄了史詩《摩訶婆羅多》中，克里希納曉諭主人公阿周那的內容，是印度全國印度教徒的愛書。此外，讚譽其為印度哲學集大成之作的呼聲也很高。

薇娜塔（Vinatā）……雷神因陀羅之父迦葉波之妻，神鳥迦樓羅之母。亦被認為是迦樓羅之妻。與蛇魔族那伽之母卡卓為姊妹，父親為達剎，乃造物主波羅闍波提其中一員。

羅剎（Rākṣasa）……有著火紅眼睛、不尋常長尾的邪鬼，相傳能變成狗或鵰等各式各樣的生物。棲息於墳場的屍體中，夜晚才會現身。有些羅剎會吃人肉，對新生兒而言是最為危險的存在。據往世書文獻所述，羅剎為了守護造物神梵天，而從梵天的雙腳生出。女性羅剎則被稱為羅剎女（Rākṣasī）。→P182

蟻垤（Valmiki）……被喻為「最初的詩人」，相傳為史詩《羅摩衍那》作者的仙人。蟻垤亦為《羅摩衍那》的登場人物，內容提到其修行時期與寫下史詩的經過。可據此推測，在史詩問世之時，他已被認為是傳說上的人物。

繼絕（Parikshit）……英雄阿周那之孫。庫盧謝特拉大戰結束後，相傳在五王子長兄堅戰的即位儀式中死產。保護神毗濕奴第八化身克里希納則再度賦予其生命。他接續堅戰繼承王位，廣施德政60年，但因殺害聖人而遭其兒子詛咒，日後將會被眼鏡蛇咬死，最後中了眼鏡蛇毒身亡。→P190

蘇摩酒……提神飲料。推測應為伴隨著幻覺作用的一種毒品。只有神祇有資格飲用，特別受到雷神因陀羅喜愛。相傳凡人喝下後能與神產生連結，當時的詩人會為了獲得寫詩靈感而飲用。→P118

21~23劃

蘭卡島……羅剎王拉瓦納的居住地，相傳是風神伐由將須彌山峰丟入海裡所形成的。同樣名為蘭卡的首都則是財神俱毗羅的住處，據說由毗首羯磨（工藝之神陀濕多）所打造。蘭卡島相當於現在的斯里蘭卡。

攪乳海……印度教的創世神話。保護神毗濕奴收集了所有種類的植物與種子，將之投入乳海後，變身成烏龜（庫爾瑪）潛入海底，背負纏繞著大蛇那伽的曼陀羅山，成為轉軸。乳海被攪動後，神牛蘇拉比（Surabhi）、酒女神梵琉尼（Varuṇī）、聖樹波利質多（pārijāta）、飛天神女阿帕莎拉、酒神蘇摩、女神拉克希米紛紛出現，最後則是神界御醫曇梵陀利（Dhanvantari）手持裝著聖水甘露的瓶子現身。→P23

印度教遺址與著名寺廟

有不少古印度遺址仍留有至今依然香火鼎盛的印度教寺廟。有些地方還保存著描繪史詩場景的大規模壁畫。

卡修拉荷的印度教寺廟

留存於瑪哈巴利普蘭的世界最大規模浮雕

P.219～222

圖片提供：PIXTA

❶印度教與佛教共存的都市

加德滿都

尼泊爾首都加德滿都是印度教與佛教皆蓬勃發展，建立出獨特文化的地域。位於加德滿都盆地中心的這塊地區，因馬拉（Malla）王朝於十五世紀分裂，進入三王國時代，成為各自信仰印度教與佛教的國家，盛行興建王宮與寺廟。後來三王國於十八世紀統一，此地遂成為各宗派共生的城市。奉祀濕婆神的帕舒帕蒂納特（Pashupatinath）神廟乃尼泊爾最大規模的印度教徒朝聖地。

❷建於聖地瓦拉納西的黃金寺廟

卡希維斯瓦納特神廟

瓦拉納西（Varanasi）這座城市為印度教主要朝聖地「七大聖城」之一，地位重要，為北印度濕婆信仰的中心地。在為數眾多的寺廟與史蹟中，特別有名的是供奉濕婆的卡希維斯瓦納特（Kashi Vishwanath）神廟，通稱「濕婆金廟」，以金箔裝飾的2座圓頂建築十分搶眼。此外，同樣位於瓦拉納西，奉祀濕婆神妃杜爾嘉的寺廟，因為隨處可見猴子而被暱稱為「猴廟」，深受遊客喜愛。

❸布滿寺廟牆壁的神聖性愛雕刻

卡修拉荷的印度教寺廟群

分布於寺廟牆壁上充滿特色的密圖那雕像

位於北印度中央的小都市卡修拉荷（Khajuraho），現今仍留有昌德拉王朝於十至十一世紀這段全盛期所建造的印度教寺廟群。供奉濕婆的坎達利亞・摩訶提婆神廟（Kandariya Mahadeva）高達50公尺，是卡修拉荷規模最大的廟宇，亦被譽為最佳傑作。各寺廟外牆與內部布滿神像與露骨的男女交媾雕像（密圖那，mithuna），令人感受到將性愛與性能力視為神聖之事的印度教文化思維。

❹印度雕刻傑作齊聚一堂的石窟神廟

埃洛拉石窟

埃洛拉規模最大的凱拉薩神廟

印度存在著無數的石窟廟（由巨大岩石雕鑿而成的廟宇）。位於西印度的埃洛拉（Ellora），坐擁佛教、印度教、耆那教3個宗教的石窟廟，建造時期橫跨六～十二世紀，多元又精美的雕刻令人目不暇給。規模最大者為奉濕婆為主神的凱拉薩神廟（Kailasa Temple），據悉費時超過100年才完成，能在此欣賞到眾神雕像與史詩《羅摩衍那》、《摩訶婆羅多》場景的浮雕。

❺以馬車作為設計主軸的太陽神廟

科納拉克太陽神廟

位於印度東海岸科納拉克，供奉蘇利耶的太陽神廟。這座巨大寺廟建於十三世紀中葉，以奔馳於天空的太陽神馬車作為整體設計概念，除了能看到直徑長達約3公尺的大車輪、拉曳馬車的七匹馬雕像外，牆壁上還裝飾著無數的神像與男女交媾雕刻（密圖那雕像）。此外，大象以及呈飛撲姿勢的獅子、士兵、馬等栩栩如生的眾多雕像亦相當精彩。由於建於海岸邊，可見到海風所造成的風化作用。

❻南北印度樣式的寺廟並立

帕塔達卡爾印度教寺廟群

帕塔達卡爾為六～八世紀中葉統治南印度德干地區的遮婁其王朝第二大城，相當繁榮。儘管與南北其他地方的勢力互相抗衡，卻也吸收融合其文化，因而造就現存的南印度與北印度樣式之印度教寺廟並立的景觀，而被列為世界遺產。規模最大的維魯巴克沙（Virupaksha）神廟，三段式結構的正殿矗立其中，屬於南印度風格，在此還能欣賞描繪史詩與創世神話攪乳海場景的裝飾。

海港城市瑪哈巴利普蘭的印度教寺廟

❼岩石寺院群與世界最大的浮雕

瑪哈巴利普蘭遺址

位於印度東南部的瑪哈巴利普蘭（Mahabalipruam）是一座海港城市，在六～九世紀時因成為帕拉瓦（Pallava）王朝的貿易據點而繁榮起來。此地建有許多印度教寺廟，其建築技術與樣式亦傳播至互通貿易的東南亞。在這裡能一睹被稱為「五座檀車（Rath）」的岩雕寺廟群，以及據說為南印度最初之石造廟的海岸神廟。在遺址中心地則有世界最大浮雕的岩壁雕刻，刻畫著「恆河下凡」以及「阿周那的苦行」等情節。

❽遭伊斯蘭軍毀滅的古城遺址

亨比古城遺址

亨比是十四～十六世紀統治印度南部的毗奢耶那伽羅（Vijayanagara）王國首都。當時伊斯蘭教在德干高原的勢力強盛，毗奢耶那伽羅王國則以印度教國家之姿分庭抗禮，建造了許多寺廟與宮殿。王國於一五六五年慘遭伊斯蘭軍擊敗，都城因而淪為廢墟，不過如今依然能飽覽包含維達拉（Vittala）神廟在內的許多印度教寺廟，以及留存於王宮遺跡的王后浴場、蓮花宮（Lotus Mahal）等遺構風采。

❾以南印度樣式興建而成的寺廟群

坦賈武爾印度教寺廟群

坦賈武爾是九世紀中～十三世紀末，統治印度南部泰米爾地區的朱羅（Chola）王朝首都。當時興建了許多寺廟，其中則以十一世紀時，在全盛期由羅茶羅乍一世（Rājarāja I）下令建造的濕婆神廟——布里哈迪斯瓦拉（Brihadeeshvara）寺廟的規模最大，享有南印度樣式寺廟最佳傑作的美譽，被通稱為「偉大（大）神廟」。從各地召集而來的工匠，僅花了短短7年便聯手打造出高達60公尺的正殿。

主要參考文獻

《インド神話伝説辞典（印度神話傳說辭典）》
菅沼晃編／東京堂出版

《インド神話（印度神話）》
Veronica Ions 著／酒井傳六譯／青土社

《インド神話 マハーバーラタの神々（印度神話 摩訶婆羅多諸神）》
上村勝彥著／筑摩書房

《ラーマーヤナ（羅摩衍那）》上・下
河田清史著／第三文明社

《リグ・ヴェーダ讃歌（梨俱吠陀讚歌）》
辻直四郎譯／岩波書店

《バガヴァッド・ギーター（薄伽梵歌）》
上村勝彥譯／岩波書店

《インド神話入門（印度神話入門）》
長谷川明著／新潮社

《インド神話の謎 ビジュアルで読み解く神々の宇宙
（印度神話之謎 透過圖像解讀神界宇宙）》
佐藤和彥著／學研

《インド神々の事典（印度神祇事典）》
佐藤和彥著／學研

《インド神話図鑑（印度神話圖鑑）》
KZ 和神著／光榮

《ヒンドゥー教 その現象と思想（印度教之現象與思想）》
菅沼晃著／評論社

《インド哲学史概説（印度哲學史概論）》
金岡秀友著／佼成出版社

《インド・ペルシャ神話と傳説（印度・波斯神話與傳說）》
馬場吉信著／松元竹二編／興趣教育普及會

《インド教（印度教）》
Louis Renou 著／渡辺照宏、美田稔合譯／白水社

《印度神話故事》
田中於菟彌著／星光

《ヴィジュアル版世界の神話百科 東洋編―エジプトからインド、中国まで
（圖文版世界神話百科 東洋篇―從埃及到印度、中國）》
Rachel Storm 著／山本史郎、山本泰子譯／原書房

《インドの仏跡とヒンドゥー寺院（印度佛跡與印度寺院）》
中村元編著／講談社

《ビジュアル・ワイド世界遺産（全彩大開本世界遺產）》
青柳正規監修／小學館

《神話で訪ねる世界遺産（跟著神話造訪世界遺產）》
蔵持不三也監修／Natsume 社

日文版 STAFF

內文插圖　輝竜 司、gozz、白藤与一、添田一平、竹村ケイ、panther、藤科遥市、真墨詠可
內文執筆　飯山恵美、稲泉 知、岩崎紘子、高宮サキ、野中直美
內文校正　板谷茉莉

ZERO KARAWAKARU INDIA SHINWA

Originally published in Japan in 2019 by EAST PRESS CO.,LTD
Chinese translation rights arranged through TOHAN CORPORATION, TOKYO.

國家圖書館出版品預行編目（CIP）資料

印度神祇事典：從經典神話了解龐雜多元的印度眾神 / 紙結歷史編輯部著；陳姵君譯. -- 初版. -- 臺北市：臺灣東販股份有限公司, 2024.03
224 面；12.8×18.8 公分
ISBN 978-626-379-236-4(平裝)

1.CST: 神話 2.CST: 神祇 3.CST: 印度

283.71　　112022610

印度神祇事典

從經典神話了解龐雜多元的印度眾神

2024 年 3 月 1 日初版第一刷發行

著　　者　紙結歷史編輯部
譯　　者　陳姵君
副 主 編　劉皓如
美術編輯　林泠
發 行 人　若森稔雄
發 行 所　台灣東販股份有限公司
＜地址＞台北市南京東路 4 段 130 號 2F-1
＜電話＞(02)2577-8878
＜傳真＞(02)2577-8896
＜網址＞http://www.tohan.com.tw
郵撥帳號　1405049-4
法律顧問　蕭雄淋律師
總 經 銷　聯合發行股份有限公司
＜電話＞(02)2917-8022